大人の神社めぐり

歩いて健康・長寿を祈願

宗教学者
島田裕巳
Hiromi Shimada

ACHIEVEMENT PUBLISHING

はじめに

私はこれまで、神社について数多くの本を出版してきました。神社の背景にある神道についても、いくつかの本を書いてきました。

神社についての入門書としては、『教養として学んでおきたい神社』（マイナビ新書）があります。神道については『［増補版］神道はなぜ教えがないのか』（育鵬社）があり、どちらも好評で版を重ねてきました。そして、一番売れたのが監修した本ではありますが、ムック版の『一生に一度は行きたい日本の神社１００選』とその増補改訂版『今こそ行きたい日本の神社２００選』（ともに宝島社）で、25万部を超えるベストセラーになっています。

そうした本を出してきたわけですから、自ずと神社を訪れる機会が多くなっています。昨年末も、２泊３日で京都を訪れたときには、それだけが目的ではなかったのですが、京都と滋賀にある神社を合計10社まわりました。

その際には、日吉大社（滋賀県大津市）の奥宮にある磐座《いわくら》、「金大巌《こがねのおおいわ》」も訪れました。

磐座は、ご神体となる巨大な岩のことですが、そこまでのぼるにはかなり苦労しました。そこからは、琵琶湖が眼下に広がっている光景を視野におさめることができるのですが、若いころと違い、息を切らせながらようやくのぼりきりました。

ほかに、京都市内にある下御霊神社、護王神社、上御霊神社、今宮神社、建勲《けんくん》神社、白峯《しらみね》神宮をまわったのですが、すべて徒歩でした。一日がかりで、歩いた歩数は2万歩を超えました。

こうした経験を重ねてくると、「神社めぐり」というものは、格好の健康法なのではないかと思えるようになってきました。

なにしろ、神社をめぐるとすると、かなりの距離を歩くことになります。大規模な神社になれば、長い参道があったりします。入口にある鳥居までは、公共交通機関やタクシーを使って行くことができますが、参道まで乗り入れるわけにはいきません。

神社によっては、入口のところに、「下馬」や「下乗」という立て札や石碑がたっているところもあります。皇族が訪れるような神社では、「皇族下乗」と記されています。今は馬で神社にやってくる人もまれでしょうが、祭礼のときには、そうしたこともあります。要は、神社の境内には乗り物に乗って入ってはならないのです。

ですから、神社を参拝する際には、それなりの距離を歩かなければなりません。

歩くということは、とても重要なことで、健康法の基本といえるのではないでしょうか。とくにそれは、高齢者になればなるほど必要なことになってきます。

書店に出かけてみれば、数多くの健康本が並んでいるのを目にします。実際、健康本はよく売れるようです。そうした本では、さまざまな健康法が紹介されているわけですが、それを読んで、実行に移すかといえば、必ずしもそうではないでしょう。

「これをやれば健康になれる」

「1日たった10分間これを続ければ健康が維持できる」

健康本では、たいがい簡単にできる方法が示されているのですが、その10分間というのが、なかなか続けるのが難しいのではないでしょうか。
2、3日はやってみても、それで終わってしまい、また別の健康法に手を出してみる。そんなことをくり返してしまう場合もあるでしょう。
本格的にやろうとすれば、ジムに通うというやり方もあります。最近では、それほど費用のかからないジムも増えています。

もちろん、なかにはずっとジムに通い、走ったり、バーベルをあげたりと、一所懸命からだを鍛えている人たちもいます。

しかし、多くの人たちは長続きしません。運動を続けるというのはなかなか大変なことなのです。


私も40代のころには、友だちと月に一度テニスをやっていました。中学校のころ、軟式のテニス部に入っていたので、若干ですがその心得がありました。その時は硬式で何年かは続いたのですが、50代にさしかかるころに大病をして、それからはテニスを止めてしまいました。

大病というのは、甲状腺《こうじょうせん》機《き》能《のう》亢《こう》進《しん》症《しょう》と十二指腸潰瘍を併発したもので、40日間にわたって入院生活を送りました。もしも何らかの感染症にかかっていたら命の危険があったかもしれない。治りかけのときに、医者からそう言われました。

幸い、それからは大きな病気をすることもなく、20年以上無事に過ごしていますが、テニスの方はそれっきりになってしまいました。今振り返ってみるなら、再開しておけばよかったとは思うのですが、仕事が忙しくなったせいもあり、再開にはこぎつけていないのが現状です。

先日、今や健康法の大家《たいか》となっている医師の和田秀樹さんと対談する機会がありました。その対談は本として出版される予定になっていますが、その際にも歩くということの重要性が話題になりました（2025年3月刊『健康法と医学に頼らず100歳楽々長寿』講談社）。

和田さんも、できるだけ歩くようにしているそうで、それが健康法として欠かせないということなのですが、一つ、「これは重要だな」ということを、和田さんから教えられました。

たとえば、若いころ、ひきこもりの生活をしていて、ほとんど外に出歩かなかったという人だとしても、それで歩けなくなることはないというのです。

ところが、年齢を重ね、いったん歩かない生活をするようになると、それからは歩けなくなってしまうというのです。

これはコロナ禍にもあったことで、感染を恐れて、外に出なくなったという人たちも少なくなかったはずです。私は、それ以前と変わらず、出歩いていたのですが、その期間、家にずっとこもりきりだったという方もおられるでしょう。そうなると、脚がすっかり衰えてしまい、健康にも悪影響を与えることになるのです。

この話を聞いて、思いついたことがありました。

私は9年にわたって、鎌倉時代の宗教家、日蓮の遺した文章を読んでいくという勉強会に参加したことがありました。

そのとき講師をされていた立正大学名誉教授の小松邦彰先生が、2022年秋に亡くなられ、そのお通夜に参列しました。最後に、喪主のあいさつがあったのですが、小松先生はコロナ禍に出歩かなくなり、それが健康を害することに結びついたということだったのです。もし新型コロナの流行がなかったとしたら、小松先生はもっと長生きされていたのではないでしょうか。

やはり歩くということは、健康を維持し、長生きするためにはどうしても必要なことなのです。

自《おの》ずと長い距離を歩く神社めぐりは、そのための格好の手段になるのではないでしょうか。

神社めぐりが、健康法としてすぐれているのは、それが、「やることが楽しい」からです。

しかも、これから説明していくように、神社めぐりは脚を鍛えるというだけではなく、ほかの効用もあります。「頭にも効く」。その面も重要です。

では、神社めぐり健康法にはどういった効用があるのでしょうか。どうしたら神社めぐりを健康法として役立てることができるのでしょうか。

これからそれについて述べていくことにしたいと思います。

島田裕巳

目次

第３章　心を軽くしてくれる神社の自然……075

第4章 神体山にのぼり、頭脳を活性化する……105

contents

第5章　神社をめぐって出会えるもの……139

第6章　ご利益が絶大な神社めぐり……175

第1章　神社めぐりは最高の健康法

神社とは何なのか

神社めぐりを健康法として活用することが、この本のめざすところです。では、神社とはいったいどのようなものなのでしょうか。そのことをはじめに考えてみましょう。

神社は、日本のいたるところにあります。

みなさんが生活している地域にも、必ず神社があるはずです。正月の初詣には地域の神社に参拝することを習慣にしている。そうした方も少なくないでしょう。

日本全国には、いったいどれだけの数の神社があるものなのでしょうか。

神社の世界には、「神社本庁」と呼ばれる組織があります。本庁というと、役所のように感じられるかもしれませんが、神社本庁は民間の宗教法人です。神社本庁の建物は、JR山手線の代々木駅に近く、明治神宮の北参道の鳥居のそばにあり、神社本庁の傘下には、多くの神社が含まれています。その数は7万8000社を超えています。

コンビニエンスストアの数がおよそ5万6000店ですから、神社の方がコンビニより多くなっています。コンビニは人口の多い都市部に集中していますが、神社の方は、都市だけではなく、地方にもかなりの数があります。都道府県でみると、一番神社の数が多い「神社県」は新潟県です。

しかも、神社本庁の傘下にはない神社もあります。宗教法人として認証されていないものも含めれば、神社の総数は10万社を超えるといわれています。こうなると、コンビニの倍です。

明治時代には、「神社合祀《ごうし》」ということが政府の政策として行われ、由緒のはっきりしない規模の小さな神社が整理され、廃

日本最大の大きさとなる明治神宮の第一鳥居

絶されてしまいました。その結果、かなりの数の神社がなくなってしまいました。神社合祀が行われなかったとしたら、神社はもっと多く残っていたはずです。

実は、神社の数をかぞえるのは、とても難しい作業になります。

というのも、これは神社を訪れてみればすぐにわかることですが、それぞれの神社の境内には、本殿のほかに摂社や末社と呼ばれるものがあって、いくつもの小さな社が祀られているからです。

本殿に祀られている祭神の数も一つとは限りません。いくつもの祭神が同時に祀られていることが珍しくないのです。

そうなると、社になった建物の数でかぞえるべきなのか、それとも祭神の数でかぞえるべきなのかが問題になってきます。

このことは、大昔から意識されていました。

これは、神社めぐりをする際にも大いに参考になるものなのですが、927年、延長5年にまとめられた史料に「延喜式神名帳」というものがあります。これは、「じんみょうちょう」とも、「しんめいちょう」とも読みます。要は、平安時代はじめの時点で由緒があるとみなされた神社の名簿です。

古代の日本社会において、「律令」というものが重要だったことは、中学や高校の日本史で習いますね。中国をモデルにつくられた律令は、現在でいえば、「憲法」にあたるものです。

律令としては、「大宝律令」や、その修正版である「養老律令」がよく知られています。ただし、憲法と同じように、律令ではおおまかなことしか定められていません。

そこで、律令で定められたことを実行に移すためにつくられたのが、「格式」と呼ばれるものになります。その代表が「延喜式」です。延喜式は全体が50巻あるのですが、最初の10巻は、朝廷の祭祀をつかさどる神祇官《じんぎかん》という役所にかかわるもので、そのうち第9巻と第10巻が神名帳になっています。

延喜式の最初に祭祀のことが出てくるということは、当時、そうしたことがいかに重要であったかを示しています。現代では、「政教分離」ということで、政治と宗教を切り離すことが原則とされています。けれども、昔の日本の社会では、むしろ宗教が政治の中心でもあったのです。

神名帳にのっている神社は、古くから続いた由緒のある神社ということで、「式内社《しきないしゃ》」、あるいは「式社《しきしゃ》」と呼ばれます。

神社めぐりをする際に、神社の境内に掲げられた「縁起」、あるいは「由緒書き」を読んでみるという方もおられるでしょう。そうしたもののなかに式内社や式社であることを誇っている場合があります。

しかし、それはたんに神社の側が自慢しているということではなく、歴史が古いということを示しているわけですから、私たちも式内社には注目しなければなりません。

では、神名帳にはどれだけの数の神社が含まれているのでしょうか。

その数は2861社に及んでいます。重要なのは、これがあくまで神社の数になっていることです。祀られている祭神の数になると、3132座に及んでいます。「座」というのは、神をかぞえる単位です。ほかに、「柱」も神をかぞえる単位として用いられます。

神社の数より祭神の数の方が多いわけですから、一つの神社で複数の祭神を祀っていることがあるというわけです。

そうした場合には、「○○神社二座」と記されています。ただ、この点にかんして興味深いのは、こうして祭神の数は示されてはいても、ほとんどの場合、祀られた神の名前はあげられていません。

どうしてそうなのか、その理由は説明されていないので明らかではないのですが、当時の人々の考え方では、神社のある場所は問題でも、祭神は重要ではなかったのかもしれません。神社の名前も地名であることが多くなっています。

式内社の多くは現存しています。ただ、神名帳がつくられてから1100年近くの歳月が流れています。そのため、場所がわからなくなっている神社もあります。あるいは、複数の神社がそれぞれ自分のところがそれだと主張している場合もあります。そうした議論になっている式内社のことを「論社」と呼びます。

論社という存在はなかなか興味深いものです。どちらが本物の式内社なのか、それぞれの神社を訪れてみて、その上で謎解きをしてみるのも面白いのではないでしょうか。

神名帳がつくられたとき、そこに含まれていない神社も数多くあったはずです。また、そのあとに創建された神社も少なくありません。

たとえば、京都の有名な神社に石清水八幡宮と北野天満宮がありますが、どちらも神名帳にはのっていません。

北野天満宮の創建は947年のことですから、神名帳よりもあとになります。ですからのっていないのは当然です。

ところが、石清水八幡宮の創建は８６０年です。創建は神名帳よりも67年前になるわけですが、それでものっていません。石清水八幡宮は、やがて「二所宗廟《にしょそうびょう》」と呼ばれ、伊勢神宮に匹敵する格の高い神社になっていくのですが、神名帳がつくられた９２７年の時点では、まだ「新参者」と見なされていたようなのです。

なぜ、神社めぐりが健康につながるのか

神社は、そこに祀られた祭神に礼拝するための施設です。その点で、日本に土着の神道の礼拝施設になります。

それぞれの宗教には、礼拝のための施設があります。仏教なら寺院ですね。キリスト教なら教会になりますし、イスラム教ならモスクがそれにあたります。

礼拝のための施設であるという点では、神社は特別なものではありません。

しかし、それがある環境ということを考えると、神社はかなり特殊です。

一番わかりやすいのは、礼拝するときの場所ではないでしょうか。寺院でも、教会でも、モスクでも、礼拝は建物のなかで行われます。

神社の場合にも、正式参拝、あるいは昇殿参拝（ご祈祷）ということになると、神社の拝殿にのぼり、そこで玉串を捧げますが、一般的には、拝殿の前、屋外で参拝することになります。

しかも、神社は豊かな自然環境のなかにあることが珍しくありません。もちろん、その点は、神社によって異なっています。町のなかにある小さな神社の場合は、境内も狭く、自然を感じることはできませんが、「鎮守の森」が形成されているような神社では、鬱蒼とした森に囲まれています。

そこにこそ、神社めぐりが健康法に結びつく理由があります。たとえば、東京都民の氏神のような役割を果たしている明治神宮になると、そこには壮大な森がつくり上げられていて、大都会東京の貴重なオアシスになっています。

神社めぐりの醍醐味は、そうした神社の豊かな自然環境にふれられるということにあります。

仏教の寺院のなかにも、自然を感じさせてくれるところがあります。とくに、山のなかにある寺院だと、桜や紅葉、あるいは、季節ごとに咲くさまざまな花の名所になっていて、存分に自然を楽しむことができます。

しかし、キリスト教の教会になると、ほとんどそうしたところはありません。ノートルダム大聖堂でもケルンの大聖堂でも、壮麗な建築物が見どころにはなっていても、自然を楽しむようにはなっていないのです。モスクも同じです。

神社にとって、鎮守の森がいかに重要かは、明治神宮の創建の事情についてみていくと、明らかになってきます。

神社めぐりの出発点に格好な明治神宮

東京やその周辺にお住まいの方であれば、明治神宮は神社めぐりをはじめるのに格好の場所です。その点で、どうやって明治神宮が今日の姿をとるようになったのかを知るのは有益なことになるはずです。

そうした事情を何も知らないまま明治神宮を訪れ、いったいここはいつからあるのかと考えてみると、答えを導き出すのはかなり難しいでしょう。

以前、テレビの番組で、明治神宮の参拝者に、それを尋ねるというものがありましたが、「古代から」と答える人もいました。たしかに明治神宮は、あたかも古くからある式内社のようなたたずまいを示しています。

明治神宮の祭神は、明治天皇とその后、昭憲《しょうけん》皇太后ですから、創建は大正時代になります。大正９（１９２０）年11月１日に創建されました。今から１００年と少し前のことになります。神社の歴史としては随分と新しい方ですね。

明治天皇は、第１２２代の天皇になりますが、明治時代になって、日本は近代化、西欧化を推し進めていきました。それによって、日清、日露の二つの戦争で勝利をおさめることになり、欧米の列強諸国に伍していくだけの国力を備えることができるようになっていきます。その象徴となったのが明治天皇でした。

明治天皇が亡くなったときには、乃木希典《のぎまれすけ》大将夫妻が殉死しています。文豪の夏目漱石は、『こころ』という小説のなかでその出来事にふれ、それを「明治の精神」の終焉としてとらえていたほどでした。

それだけの存在感を示した明治天皇が亡くなったのちに、記念事業の構想が持ち上がりました。ただし、当初の段階から神社を創建することになっていたわけではありません。銅像の建立や記念館あるいは文化施設の建設、あるいは社会事業の開始など、さまざまな記念事業が提案されました。

そうしたなかで、しだいに神社の創建ということに話がまとまっていくのですが、どこに神社を建てるか、多くの候補地が名乗りをあげました。東京が最も多かったのですが、関東諸県や静岡県などに創建すべきだという意見もありました。

実際には、内苑は代々木御料地（皇室の所有地）に、外苑は青山練兵場に創建されることになりました。代々木御領地は、江戸時代には彦根藩の下屋敷があった場所でした。下屋敷は近郊にたてられた大名家の別邸です。

当時の代々木御料地は、ほぼ野放しの状態で、カラマツなどは植えられていたものの、原野に近い状態にありました。また、北の端の辺りは低地のため、沼地になっていました。今日とはまったく違う状態だったのです。

そこに、古代から続く歴史の古い神社を思わせる、常緑広葉樹からなる鬱蒼とした森を持つ神宮の創建が行われることになるのですが、当初の段階は、そうした計画に反対する声も上がりました。常緑樹の森だと暗いので、もっと明るい公園や庭園にして花壇を設け、美しい花で飾るべきだという意見が出たのです。

当時の総理大臣だった大隈重信などは、「神宮の森を藪にするのか、藪はよろしくない、当然杉林にするべきだ」と反対しました。首相の念頭には、伊勢神宮や日光の杉林があったのです。大隈首相は相当に強硬で、関係者は説得に苦労しました。もしも大隈首相の意見が通っていたとしたら、今のような明治神宮は存在しなかったことになります。

創建にあたっては、「明治神宮造営局」が組織され、林学や農学、造園学の専門家が計画の立案にあたりました。その際には、将来にわたる樹木の変遷をあらかじめ予測し、その上で、どういった植栽計画を進めていけばよいのかが議論されました。人手を加えなくても自然林の状態が永遠に継続されていくことが目標とされたのです。

中心となる主木としてはカシ、シイ、クスノキが選ばれ、そのあいだに常緑広葉樹が混植されました。主木の生育が進めば、種子が落下し、それが将来においては、主木の跡継ぎになります。それによって、樹木が絶えず更新される仕組みがつくられました。地上には日もそれほどささず、風も吹き込まないため、落ち葉は肥料となって地力が維持されることになるのです。

ほかにも、さまざまな工夫がこらされ、いくつかの段階を経て、およそ１００年後には、安定した天然林になるよう計画されました。そのために、全国から献木を募りました。その総数は９万５５５９本にも及んだのですが、当時の人々は、たんに献木をしただけではなく、運搬などの費用を負担し、労働奉仕も行いました。

明治神宮が創建された当時の写真を見ると、樹木は植わっているものの、いずれも低く、現在の鬱蒼とした森にはほど遠い状態にあったことがわかります。それが100年の歳月を経て、当初計画されたように、マツが減り、カシ、シイ、クスノキなどの常緑広葉樹が全体を覆うようになり、古代から存在するかのような壮大な鎮守の森が形成されたのです。

創建された当初の段階で、すでにあったものを含め、樹木は365種でおよそ12万本ありました。それが、鎮座100年を記念して行われた調査では、234種で約3万6000本になっていることが判明しました。自然淘汰が進み、種類や本数は減りましたが、個々の木々は大きく成長していたのです。

こうした形でつくり上げられた鎮守の森はほかに例をみません。そのことを確かめるためにも明治神宮を訪れることには大きな価値があります。

ただ、当初の計画では、安定した状態になるには100年かかると想定されたのですが、東京の都市化が予想以上に早く進んだため、50年でそれに達してしまいました。しかも、これは想定外のことだったのですが、亜熱帯の植物まで茂るようになりました。

最近では、インバウンドということで、多くの外国人も明治神宮を訪れるようになってきました。東京という、規模としてはおそらく世界で一番といえる大都会の真ん中に、壮大な森があること自体、とても貴重なことなのです。

どうでしょう。明治神宮に行ってみたくなったのではないでしょうか。

明治神宮と鎮守の森

明治神宮は、１００年をわずかに超える歴史しか持っていないわけですが、神社において鎮守の森がいかに重要なものであるかを教えてくれます。

しかも、そうしたあり方は、神社が経てきた歴史にもかかわっています。神社は、自然との深いつながりをもちつつ、現在の姿をとるようになってきたのです。

ここでは簡単に神社の歴史をたどってみることにしましょう。それを知ることは、神社めぐりをする際に、どういったポイントをおさえればよいかということに結びついていきます。神社めぐりの基礎知識というわけです。

神社の最も古い形を伝えているといわれるのが、奈良県桜井市三輪にある大神《おおみや》神社です。三輪明神と呼ばれることもあります。

奈良県は、昔は大和国と呼ばれていました。古代にはそのなかにいくつもの都がつくられ、日本の政治の中心となっていました。平城京がその代表です。

大神神社の大きな特徴は、本殿がないというところにあります。一般の神社の場合には、本殿に祭神が祀られていて、参拝者は、その手前にある拝殿で祈りを捧げることになります。

本殿がないのであれば、大神神社で祭神はどこに祀られているのでしょうか。

大神神社では、神社の背後にある三輪山に神が宿っていると考えられています。

こうした神の宿る山のことを「神体山」、あるいは「神奈備」と呼びます。

三輪山は神の宿る場所になりますから、そこに足を踏み入れることはできません。大神神社の神職でさえ同じです。そのため、三輪山は人の手の入らない原生林になっています。

ただし、三輪山の頂上までのぼることができる参道が一本だけ存在しています。そのことについては、第4章でふれることにしますが、それ以外の場所には立ち入ることができません。

ではなぜ三輪山は神が宿る神体山になっているのでしょうか。

それは、三輪山の山中に多くの「磐座」があるからです。磐座とは巨大な岩のことです。自然の岩ですから、大きさはまちまちですが、三輪山の場合には、１メートルから２メートルくらいでしょうか。三輪山には、そうした岩が集まっているところがいくつもあります。

磐座は、さまざまな神社にあるのですが、古代においては、そこで祭り事、祭祀が行われていました。社殿で祭祀を行うのではなく、山中にある磐座の前で行われたのです。

三輪山は、勝手に足を踏み入れることができない禁足地ですから、考古学的な発掘が行われることはありません。それは古墳の場合と共通しています。ただし、禁足地から外れた麓にも磐座があって、そこでは発掘も行われています。「山の神遺跡」がよく知られていますが、そこからは土器や勾玉など、祭り事に使われた遺物が大量に出土しています。

古代のことですから、三輪山の磐座でどういった祭り事が行われていたのか、それについて記した文字史料はありません。その点では、出土したものから類推するしかないのですが、おそらく古代の人たちは、磐座で祭り事を行えば、そこに神が実際に姿をあらわすと考えていたのではないでしょうか。

その証拠となるのが玄界灘に浮かぶ孤島である沖ノ島です。沖ノ島には、宗像大社の沖津宮がもうけられていますが、島のなかには、高さが7メートルから8メートルにも及ぶ巨岩が12個あり、そこで祭り事が行われていたことが、発掘調査の結果、確認されています。

祭り事が行われたのは4世紀から10世紀にかけてのことでした。祭り事で使われたものは、銅鏡や金製の指輪や馬具、あるいは、ペルシア産ガラス碗など、相当に豪華なものでした。しかも、祭り事で使われたものは、そのまま放置されていたのです。

沖ノ島での古代の祭祀についても、文字史料がまったく残されていません。しかし、そうしたものを手に入れることができるのは、相当の権力者であったはずです。その点で、祭り事を行ったのは、当時権力を掌握するようになっていた大和朝廷ではないかと考えられます。地方の政権では、それは無理でしょう。

ペルシア産ガラス碗など、二度と手に入るかどうかもわからない貴重なものです。それが放置されたということは、一度神に捧げたものは、その時点から神のものであり、それをもって帰ることなど畏れ多いと考えられたからでしょう。

それも、巨大な磐座で祭り事を行った際、その場に神が現れた、神が降臨したという感覚を、古代の人々が感じたからに違いありません。

いったいどういった季節に祭り事が行われたのか、それはまったくわからないのですが、私は、真冬ではなかったのかと考えています。

というのも、冬至の日は、1年で日が最も短くなるときで、それを境に、年が改まるというのが世界共通の認識だからです。正月もクリスマスも、冬至の近辺に行われる行事です。

真冬の玄界灘は、海が荒れたはずで、当時の航海の技術では、難破することだってあったでしょう。沖ノ島にわたること自体が危険な行為だったのです。しかも、祭り事に用いる大量の貴重品をそこまで運ばなければなりませんでした。

それだけの力を祭り事に注いだのは、磐座に神が現れるという感覚を強く持っていたからでしょう。あるいは、発掘された品々からは、神話にもとづくドラマが演じられた可能性も仮説として示されています。神にふんした人間は神憑《かみがか》りして、神そのものになった。私は、そうしたことが実際に起こったのではないかと想像しています。

自然を感じ、リフレッシュできる神社めぐり

大神神社と沖ノ島の事例から考えると、そこに神社のもともとの姿を見ることができます。社殿をたてて神を祀るのではなく、磐座が祭り事の場になっていたのです。

磐座は、今でも各地に数多く残されています。神社の社殿の奥の方に行ってみると、磐座が鎮座していて、注連縄《しめなわ》がはられている光景に出会うことがあります。

比叡山延暦寺の氏神である滋賀の日吉大社の場合には、境内でいくつもの磐座を見かけます。神社めぐりをする際にも、磐座を訪れることは少なくないはずで、それを目当てにすることもあります。

そこに磐座があるからこそ山が神聖な空間とみなされ、神体山として信仰の対象になっていくのです。これが、神社が生み出されていく2番目の段階になります。最初が磐座で、その次が神体山です。

第3の段階が鳥居です。

神社に行けば鳥居があります。鳥居は、神社の境内とその外側にある一般の社会とを

隔てる役割を果たしています。境内を神域とすれば、鳥居の外側は俗界になります。鳥居が一つだけという神社もありますが、鳥居が何基もたっている神社もあります。鳥居の数は、「基」を単位に数えます。

神体山の前に鳥居をたてる、それが、昔のやり方だったのではないかと思います。その段階では、まだ社殿はたてられていません。

そうした光景を示している絵が残されています。とても貴重なものなのですが、京都の亀岡にある出雲大神宮に所蔵されているものです。出雲大神宮は、以前は出雲神社と名乗っており、出雲大社の祭神である大国主は、こちらから勧請されたと、出雲大神宮は主張しています。

出雲大神宮が所蔵しているのが「出雲神社榜示図」です。榜示図というのは、どこまでが領地なのかを示すものですが、これは鎌倉時代のものとされています。そこにはいくつかの山が描かれているのですが、なかに一つだけ、木々が濃く描かれている山があります。それが、出雲大神宮の神体山になっている御影山です。

御影山の麓には鳥居がたっています。鳥居の手前には、いくつかの建物があるのですが、鳥居のなか、つまり御陰山の側には建物は描かれていません。神体山の麓に、俗界とわけるために鳥居だけがたてられている、それが鎌倉時代の出雲大神宮の姿だったのです。

現在の出雲大神宮には、本殿も拝殿もあります。ただ、御影山には磐座があります。禁足地になっているので立ち入ることはできませんが、そこへ至る途中にある国常立《クニノトコタチノ》尊《ミコト》を祀っている磐座にまでは行くことができます。出雲大神宮でも、磐座の信仰からはじまり、御影山が神体山となり、そこに鳥居がたてられたのです。

奈良の大神神社の場合にも、三輪山が神体山とされたのち、鳥居だけがたっている段階がありました。そのことは、鎌倉時代の史料に出てきます。大神神社の鳥居は、一般の鳥居を三つ組み合わせた「三ツ鳥居」という特別なもので、今は禁足地と拝殿のあいだにたてられています。

大神神社の説明によれば、拝殿がたてられたのは、鎌倉時代の後期、１３１７年のことだったとされます。ただ、この建物は残っておらず、現在の拝殿は江戸時代に入った１６６４年、４代将軍徳川家綱によって再建されたものです。一般の神社であれば、さらに祭神を祀る本殿がたてられたことでしょうが、大神神社では現在に至るまで本殿はたてられず、拝殿から神体山である三輪山を拝む形になっています。

ここまで見てきたことを振り返ってみるならば、神社の歴史は次のようになります。まずは、磐座で祭り事を行うことがはじまりでした。次に、磐座がある山が神聖なものとされ、神体山として信仰の対象になりました。

神体山は禁足地になり、俗界と区別するために鳥居がたてられました。山の麓に鳥居だけがある、そういう光景が鎌倉時代のはじめまで各地に見られたのではないでしょうか。

ただ、平安時代の終わりごろになると、神社の社殿をたてることも行われるようになっていました。現存する最古の神社建築は、京都の宇治にある宇治上神社の本殿です。覆屋《おおいや》のなかにありますが、3棟の小さな社が連なっています。使われている木材は、1060年ごろに伐採されたものと推定されています。

これは国宝にも指定されていますし、宇治上神社が「古都京都の文化財」の構成資産として世界遺産に登録された要因にもなっていますが、今のところこれ以上古い神社建築は発見されていません。

宇治上神社と宇治川を隔ててむかい側にある平等院鳳凰堂が建立されたのが1052年ですから、宇治上神社の本殿はそれとほぼ同じ時期にたてられたことになります。

私は、神社に社殿がたったのはいったいいつごろからのことなのだろうかと、これまでいろいろな史料にあたってきました。

今のところ、最も古い史料になるのが、奈良県生駒郡にある朝護孫子寺《ちょうごそんしじ》に所蔵されている「信貴山《しぎさん》縁起絵巻」です。朝護孫子寺は、信貴山寺とも呼ばれます。信貴山縁起絵巻は、平安時代後期、12世紀につくられたものと考えられています。

そのなかには、木の下にある小さな社が描かれた箇所があります。ただし、神社といえるような立派なものではありません。

あるいは、京都の神護寺に伝わっている「足守庄絵図《あしもりのしょうえず》」では、八幡山という小高い山の麓に鳥居がたち、山の上に八幡宮として社殿が描かれています。足守庄は、岡山市下足守にあって神護寺に寄進された土地ですが、この八幡宮は、現存する葦守《あしもり》八幡神社のことになります。絵図は1169年のものとされていますから、信貴山縁起絵巻と同じ時期のものと考えられます。

みなさんは、神社の社殿は古代からあるものと考えられているかもしれません。しかし、それを証明してくれる確実な史料は存在しないのです。

今日のような神社の姿を伝えてくれるもので最も古いものが「一遍聖絵《いっぺんひじりえ》」です。これは、鎌倉時代にあらわれた時宗の宗祖、一遍上人が日本各地を遊行したときの光景を描いたもので、鎌倉時代の後期、1299年に成立しています。

一遍上人は、「踊り念仏」の興行を行ったことで知られていて、その光景も一遍聖絵に描かれています。貴重なのは、そこに京都の石清水八幡宮や広島の厳島神社の境内の姿が描かれていることです。しかも、その姿は現在とかわりないのです。

これは、鎌倉時代の終わりのころになると、神社に拝殿や本殿がたてられるようになったことを示しています。

そこには、仏教寺院の影響があったのではないかと考えられます。というのも、平安時代からはじまる中世の時代においては、「神仏習合」という現象が見られるようになり、神道と仏教、神社と寺院とが一体の関係におかれるようになったからです。

石清水八幡宮の場合には、石清水八幡護国寺と呼ばれていたように、多くの僧坊がたっていました。厳島神社の場合にも、神社の境内にたつ神宮寺として大願寺があり、厳島神社と一体の関係にありました。寺院の建物に影響されて神社の社殿がたっていく、その勢いが鎌倉時代になると加速されたものと考えられます。

こうして神社に拝殿や本殿がたつ形が一般的なものになっていきました。今では、本殿が神社の中心になっているように見えますが、それは神社の長い歴史からすると、それほど昔からのものではないのです。興味深い話ではないでしょうか。

神社がこのような歩みを経てきたことを知った上で、改めて神社を訪れてみると、それまでとは違った感覚になるのではないでしょうか。神社において一番大切な部分はどこなのか、必ずしも本殿だけがすべてではないことがわかります。

神社が磐座や神体山からはじまったことはとても大切なことです。神社はもともと自然と密接な関係をもっていたことになるからです。鎮守の森が重要なのも、それが神体山をもとにしているからです。神は自然のなかに宿るという信仰が、神社の出発点になるのです。

神社めぐりは、そうした古代の信仰、古代人の感覚に立ち戻っていくということでもあります。

現代の私たちは、都市で生活することが多いわけで、しかも、最近の都市では高層ビルがたち並び、コンクリートや鉄筋に囲まれながら生活しています。

それは、自然環境をコントロールできるということで快適な暮らしをもたらしてはくれますが、自然との結びつきはどうしても弱いものになってしまいます。

それはやはり不健康なことなのではないでしょうか。神社めぐりが最高の健康法になるのは、そうした自然との結びつきを回復する手立てになっていくからです。

都心で自然を堪能できる明治神宮の参道

世界的にも珍しい「海上の社殿」をもつ厳島神社

第2章

参道を歩き、石段をのぼり、神社をめぐる

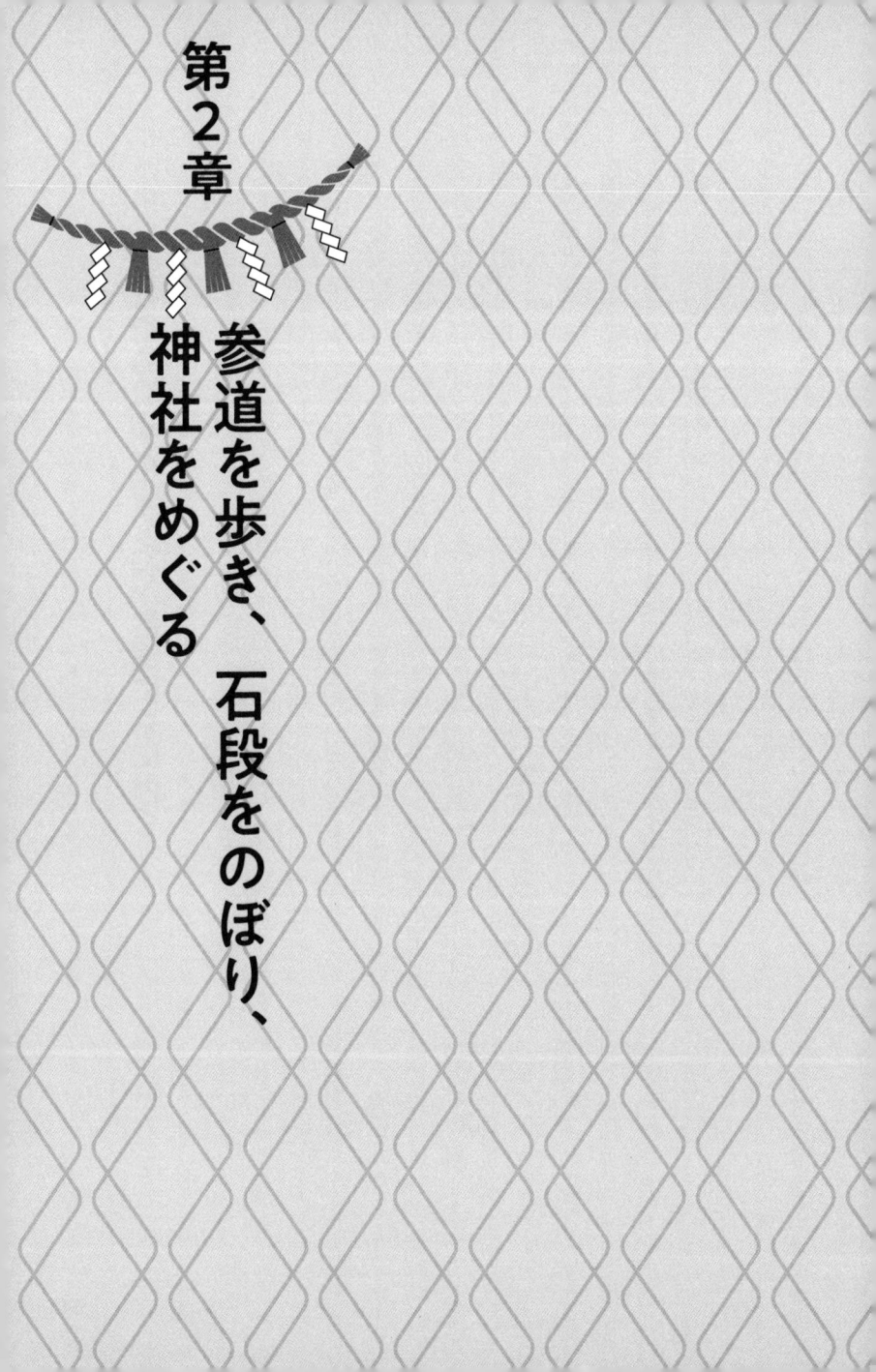

神社をめぐると歩く力が自然に身に付く

東京メトロには、「表参道」という駅があります。表参道駅には銀座線と半蔵門線、それに千代田線が通っています。原宿や青山に行くときに降りる駅ですね。

その表参道駅を出てみると、ケヤキ並木があり、そこを西へむかうと明治神宮に行くことができます。表参道とは、明治神宮の参道を意味しています。その証拠に、沿道には創建時に建立された石灯籠がたっています。

表参道を西にむかい、ＪＲの原宿駅を過ぎると、鳥居があり、そこから明治神宮の南参道がはじまります。明治神宮には、ほかに北参道と西参道があります。北参道は、やはり東京メトロ副都心線の北参道駅の近くにあり、西参道の方は、小田急小田原線の参宮橋駅へと至ることができます。

どの参道を通るとしても、参拝者は歩いて本殿まで行かなければなりません。参拝するには、かなりの距離を歩かなければならないわけです。なによりそこに、神社めぐりが健康に役立つ秘訣があります。しかも、参道には石が敷きつめられていることも多く、決して歩きやすくはなっていません。その分、足の裏を鍛えることにも結びついていきます。

歩くこと、ウォーキングが健康にいいことは、さまざまな形でいわれています。歩くことで足腰が鍛えられますし、少し速めに歩くと、それが「有酸素運動」になって、脂肪が燃焼しやすくなり、肥満の解消に役立つともいわれています。

歩くだけでたいがいの病気は治ると断言しているような健康本も見かけます。

しかし、ウォーキングがいくら健康によいといわれても、毎日それを続けることは簡単なことではありません。ジムにもウォーキング・マシンがありますが、それだと景色を楽しむことには結びつかないので、どうしても飽きてしまいます。そのため、音楽を聞きながらマシンで走っている方が少なくないようです。

神社めぐりをはじめてみると、自然と歩きます。

それもかなり長い距離を歩くことになります。そうなると、しだいに歩くことに慣れ、長く歩くことが苦にならなくなってきます。むしろ、もっと歩いてみたい、そうした意欲がわいてくるのです。

買い物や近くの外出に自転車を使っている方も多いでしょうが、それでは歩くことに結びつかないのでもったいない。そのようにも考えるようになっていきます。

では、神社めぐりは最初、どこにポイントをおいてはじめればよいのでしょうか。

まず試みてみたいのは、参道を歩くということです。

明治神宮に行く場合、たいがいの人は公共交通機関を使って、今あげたどこかの駅まで行き、そこからそれぞれの参道を通って、本殿へとむかうことでしょう。

たとえば、ＪＲの原宿駅や東京メトロ千代田線・副都心線の明治神宮前〈原宿〉駅を使えば、南参道を歩いていくことになります。

それで参拝することになるのですが、同じ南参道を通って帰るというのは、少しもったいない気がします。

明治神宮の境内は相当な広さです。およそ72ヘクタールあり、東京ドーム15個分に相当するといわれています。

したがって、境内にはさまざまなものがあります。菖蒲田やお休みどころの隔雲亭、パワースポットとして有名になった加藤清正が掘ったという伝承のある清正井、睡蓮などが咲く南池、昭憲《しょうけん》皇太后が釣りをしたといわれる御釣台などです。

帰りには、そうした場所を訪れ、北参道や西参道も通ってみたらどうでしょうか。同じ歩くなら、行きとは違う楽しみ方を試みてみるのです。

町のなかにある一般の神社であれば、それほど長い参道がないことも多いでしょう。しかし、規模の大きな神社になれば、長い参道があります。そうした参道を歩いてみる。神社めぐりはそこからはじまることになります。

参道を歩くことで得られる体力と達成感

古都として内外から多くの観光客が訪れる鎌倉。その中心にあるのが鶴岡八幡宮です。鶴岡八幡宮を創建したのは、鎌倉幕府を開いた源頼朝です。頼朝の先祖に源頼義という武将がいました。頼義は京都の石清水八幡宮を勧請して、鎌倉の由比ヶ浜に由比若宮を建立しました。こちらも現存していますが、頼朝はそれを現在地に移したのです。

今だと、多くの参拝者はＪＲなり江ノ島電鉄なりの鎌倉駅を降り、若宮大路に出て、そこから鶴岡八幡宮にむかうことでしょう。すぐに鳥居がありますが、実はそれは二ノ鳥居です。

最初の鳥居になる一ノ鳥居は、若宮大路を由比ヶ浜の方にむかったところにたっています。そこからだと、鶴岡八幡宮の社殿までおよそ1・8キロメートルあります。かなりの距離になるわけですが、せっかくなら行きは一ノ鳥居から歩いてみたいものです。

鶴岡八幡宮の参道は、長いことも特徴になっていますが、ほかの神社の参道にみられない特徴としては、「段葛《だんかずら》」があります。二ノ鳥居から、道が一段高くなっていて、それが段葛です。

段葛は、参道に水や土砂が入り込まないための工夫で、石を積み上げてつくったものです。これが二ノ鳥居から三ノ鳥居まで500メートルほど続くのですが、しだいに道幅が狭くなっていきます。

二ノ鳥居では4・5メートルほどですが、三ノ鳥居では2・7メートルになっています。さらに、段葛の両側にある石の土手は八幡宮に近づけば近づくほど低くなっていきます。

これは遠近法を活用したものです。参拝者に鶴岡八幡宮の社殿がはるか遠くにあるように思わせるための工夫なのです。それも、この神社が鎌倉幕府の権威の象徴だからでしょう。こうした参道は、とても珍しいものです。

このように参道を歩くだけでも、いろいろと発見があるわけですが、神社の参道として一番長いのは、大宮氷川神社です。

大宮氷川神社は武蔵国一宮で、氷川神社の総本社になります。一宮は、それぞれの国の中心的な神社になります。ただ、朝廷や武家政権が認定したものではないので、国によってはいくつも一宮があったりします。さらに、その下には二宮、三宮と続いていき、九宮まであることがあります。上野国《こうずけのくに》、今の群馬県ですね。

東京や埼玉の人にとっては、氷川神社はとてもなじみのある神社です。東京でも、赤坂氷川神社はよく知られています。

ところが、東京や埼玉以外の地域の人にとっては、氷川神社はなじみがないはずです。というのも、氷川神社は東京や埼玉に集中していて、ほかの地域にはほとんどないからです。

氷川神社の中心となる祭神は須佐之男命《スサノオノミコト》で、ほかに稲田姫命《イナダヒメノミコト》と大己貴命《オオナムチノミコト》が祀られています。稲田姫命は須佐之男命の妻です。大己貴命は大国主命の別名で、稲田姫命の子になります。

須佐之男命を祭神としている神社として一番有名なのは、京都の八坂神社です。ただ、八坂神社と氷川神社とのあいだに直接の関係はありません。どちらかが須佐之男命を勧請したというわけではないのです。

氷川神社が鎮座している武蔵国には荒川という大きな川があり、昔はそれが頻繁に氾濫しました。そこで、水の神である八俣大蛇《ヤマタノオロチ》を退治したとされる須佐之男命が氷川神社で祀られることになったのです。ですから、氷川神社は荒川流域に鎮座していて、ほかの地域にはないのです。

氷川神社の参道は、JR東日本のさいたま新都心駅の近くからはじまります。さいたま新都心駅は、さいたまスーパーアリーナの最寄り駅になります。

氷川神社の参道の長さは約2キロメートルあります。鶴岡八幡宮の参道よりも長く、日本で一番長い参道とされています。2キロメートルですから、ゆっくり歩いていくと、30分以上はかかります。かなりの長さです。

大宮氷川神社自体の最寄り駅は、埼玉の中心となる大宮駅で、そこからでも神社までおよそ1・6キロメートルあります。ただし、参道を途中から歩く形になります。時間は短縮されますが、せっかく大宮氷川神社に参拝するのなら、さいたま新都心駅から出発し、参道をすべて歩き通してみたいものです。その方が、「達成感」が得られるはずです。

人間が生きていく上において、この達成感を得るということは、かなり重要なことです。達成感は、仕事をなしとげることで得ることもできますが、手軽なところでは、ゲームやスポーツでも得ることができます。

達成感は、何かをなしとげることによって得られるもので、それだけで充実した気持ちにもなってきます。それによって、前向きな気持ちになることができるとしたら、ストレスの解消にもつながります。

長い参道が続いていると、ここを歩かなければならないのかと、少しうんざりした気持ちになることもあるでしょう。

しかし、長い参道は、参拝者に達成感を与えてくれる仕組みだと考えれば、歩き通そうという意欲もわいてきます。

さらに参道には、鳥居がたっているだけではなく、「武蔵国一宮」と記された標石や、神社までの距離を示した丁石などもたっています。標石は江戸時代にたてられたもので、石灯籠も同じです。そうしたものを見つけながら、2キロメートルを歩き通して社殿へと至る。それだけで、十分な達成感を得ることができるのです。

筋トレ効果も！　石段がもたらす健康効果

参道を歩き通すことが達成感に結びつくわけですが、神社を参拝したときに達成感を与えてくれる仕組みがもう一つあります。

それが「石段」です。

神社のなかには、山のなかや丘の上にあり、長い石段をのぼらないと社殿まで行き着けないところがかなりあります。

これは、神社ではないのですが、京都にある高野山真言宗の神護寺の石段は、かなりきつかったという思い出があります。

同じ石段でも、のぼりやすいものとのぼりにくいものがあって、数だけでは、のぼるのがきついかどうかの判断はつきません。

神護寺の石段は３５０段ほどですが、「乱れ積み」になっています。これは、形や大きさが異なる石を不規則に積んだものなので、とてものぼりにくくなっています。

しかも、石段は折れ曲がっていて、のぼりきったと思ったところから、さらに先があることがわかり、絶望的な気持ちになったことをよく覚えています。

ただ、のぼりきったときの達成感はかなりのものです。そこで最近もう一度チャレンジしてみました。秋の紅葉シーズンをねらってのことですが、前回の経験があるので、途中、絶望的な気持ちにもならずのぼりきれました。しかし、今回は年をとったせいでしょうか、くだりの方がきつく感じました。膝にくるのです。

段数はそれほどではなく、乱れ積みでもないのですが、傾斜が相当にきついのが、東京では、東京メトロの日比谷線神谷町駅近くの愛宕《あたご》神社です。石段の下にたってみると、神社を仰ぎ見るようなかっこうになります。

愛宕神社は愛宕山の上にありますが、この山は標高が25・7メートルあり、東京23区では一番の高さを誇っています。戦前のことですが、NHKの前身である社団法人の東京放送局は、その山頂におかれました。電波が届きやすいようにするためです。

愛宕神社の石段には、「出世の階段」という別名があります。

その由来は江戸時代に遡ります。

3代将軍の家光が、菩提寺である増上寺に参詣した帰り、愛宕神社のところを通りかかりました。

山の上には梅が咲き誇っている季節です。家光は、家臣たちに、「誰か馬で石段をのぼって、梅をとってこい」と命じたのですが、名乗り出る勇気のある者がおりません。ところが、そのなかに四国丸亀藩の家臣、曲垣《まがき》平九郎という人間がいました。平九郎は馬で石段をのぼりおりし、見事梅をとってきたのです。その梅を家光に献上したところ、「日本一の馬術の名人」と讃えられたというのです。

これは、講談で語られる話なので、真実かどうかはわかりませんが、その後、実際に愛宕神社の石段を馬でのぼりおりした人物はいるようです。

石段は全部で86段あり、こちらは「男坂」と呼ばれています。傾斜が40度もあるので、それとは別に少しゆるやかな「女坂」ももうけられています。こちらは108段ですが、かなりのぼりやすくなっています。

家光の祖父にあたる徳川家康が東照大権現として祀られているのが日光東照宮です。こちらは奥宮までだと207段の長くて急な石段が続いていきます。それぞれの段には一枚板が使われています。

家康が日光東照宮に祀られる前に、遺骸が葬られていたのが、静岡にある久能山東照宮です。現在では、日光東照宮のような権現造りの立派な建物になっていて、本殿は国宝にも指定されていますが、石段は１１５９段もあります。

残念ながら、私はこの石段をおりたことはあるのですが、のぼったことはまだありません。一度は挑戦してみなければと思っているところです。

石段をのぼることが健康によいのはすぐにわかりますが、おりることも負けず劣らず健康によいといわれています。筋トレの効果はおりる動作のほうがのぼるよりもあり、血糖値の上昇をおさえ、糖尿病予防になるし、骨粗鬆症の対策にもなります。ただ、膝に負担がかかるので、注意は必要です。

長い石段があることで知られているのが、香川県の金刀比羅宮《ことひら》です。ここは「こんぴらさん」の愛称で親しまれていますが、本宮までは７８５段、奥宮までになると１３６８段の石段が続いています。

以前は、「石段カゴ」に乗せてもらってのぼることもできましたが、２０２０年1月に、担ぎ手の高齢化で廃業になってしまいました。ですから、今は自力でのぼるしかありません。

ただ、段数は多くても、神護寺のような乱れ積みではないので、それに比べればかなりのぼりやすくなっています。本宮までは30分、そこから奥宮までは30分ですから、全体で1時間というところでしょうか。

石段カゴがあると、それが名物だったということもあり、それに頼ってしまいがちですが、健康ということを考えれば、石段カゴがなくなってしまったことはありがたいともいえます。何事も「天の恵み」と考えてみてはどうでしょうか。

東京近辺で意外と石段が多いのが、江の島にある江島《えのしま》神社です。江島神社は、田寸津《タギツ》比賣命《ヒメノミコト》を祀る「辺津宮《へつのみや》」、市寸島比賣命《イツキシマヒメノミコト》を祀る「中津宮」、多紀理比賣命《タキリビメノミコト》を祀る「奥津宮」の三社からなっています。これは、九州の宗像大社で祀られている「宗像三女神」に相当します。海の女神たちです。

江島神社は、それ以外に八坂神社や稲荷社・秋葉社といった末社もあります。江島神社の石段の数は６６２段で、往復すると１３２４段にも及びます。「エスカー」と呼ばれるエスカレーターを利用することもできますが、これには料金もかかりますから、是非、江の島の石段をくまなく歩きまわってみることにしましょう。

季節によってはライトアップされることもあり、普段とは異なる風景を楽しむこともできます。

江の島は、今日では観光地として知られていますが、もともとは修行するための島でもありました。修験道の祖である役行者《えんのぎょうじゃ》（役小角）、真言宗を開いた空海、最澄の弟子で中国にわたり『入唐求法巡礼記』をあらわした円仁、さらには鎌倉時代に全国を遊行した一遍などが江の島で修行したと伝えられています。

では、最も長い石段がある神社はどこでしょうか。

それは、出羽三山の一つ羽黒山で、石段は2446段にも及んでいます。

出羽三山は、月山《がっさん》、羽黒山、湯殿山からなっています。月山の山頂には月山神社があり、羽黒山の山頂には出羽神社が、そして、湯殿山の山腹には湯殿山神社があります。全体が一つの宗教法人になっていて、その名称は「月山神社・出羽神社・湯殿山神社」となっています。

全国各地には、山伏が修行をする修験道の山がありますが、出羽三山はその代表的な存在の一つです。修験道の系統としては、真言宗系の当山派と天台宗系の本山派がありますが、出羽三山は、この二つに加えて、土着の羽黒派修験の修行場でもあります。

月山神社は標高1984メートルの月山の山頂にあります。8合目まではバスで行くことができますが、そこから月山神社にのぼるには、登山靴、防寒具、レインコートなど本格的な登山の装備が必要です。それに、開山されている期間は7月1日から10月上旬までと限られています。

湯殿山神社は、本殿などの社殿がないのが特徴で、ご神体は熱湯の湧き出す巨大な岩になっています。有料道路の終点から、本宮参詣バスに乗り換えることになりますが、参拝できる期間はやはり6月1日から11月はじめまでと限られています。

出羽神社は羽黒山の山頂にありますが、「三神合祭殿」とも呼ばれ、月山神社と湯殿山神社の祭神も祀られています。こちらは、一年中参拝が可能で、山頂までバスで行くことができます。

ただ、バスで行ってしまうと石段はのぼれなくなります。麓には随神門があり、そこから石段をのぼると、片道およそ90分かかるようです。残念ながら、私はまだ出羽三山を訪れたことがないのですが、随神門から10分ほどのぼると、国宝の五重塔があります。

五重塔といえば、神社ではなく、寺院にあるものですが、明治時代以前は神仏習合で、出羽神社にも、多くの寺院があったようです。五重塔はその名残になります。

なにしろ私はまだ羽黒山の石段をのぼったことがないので、詳しいことは述べられませんが、2446段をのぼりきったときの達成感は忘れられないものになるのではないでしょうか。是非一度、私も挑戦してみたいと考えています。

神社めぐりのモチベーションになる御朱印集め

私は、絶対秘仏で拝観がかなわない京都の東寺御影堂の不動明王像を除けば、国宝の仏像ほぼすべてを実際に見ています。そんなことができるのは、国宝を所蔵しているような著名な寺院が、奈良や京都、あるいは鎌倉といった古都にあり、まわりやすいからです。国宝の仏像を所蔵する寺院は12都道府県に限定されています。

ところが、有名な神社となると、古都に集中しているわけではありません。全国に散在しています。したがって、未だに訪れていない著名な神社が結構あります。機会を見つけては訪れているのですが、それでも、「はじめに」でふれた私が監修した『一生に一度は行きたい日本の神社100選』や『今こそ行きたい日本の神社200選』で取り上げた神社を、生きているあいだにすべてまわりきれるのか、かなり難しいのではとも感じています。逆に、だからこそ神社めぐりは、終わりがなく楽しいともいえるのです。

では、膨大な数ある神社をどのようにめぐればよいのでしょうか。

もちろん、近くにある神社をまわるか、旅行したおりに、目的地にある神社を自由にまわれば、基本的にそれでよいわけです。ただ、それでは少し面白みに欠ける、そのように考える方もおられるでしょう。

神社めぐりをされる際に、「御朱印」を集めるという方も少なくないことでしょう。その際には、あらかじめ御朱印帳を用意して、そこに御朱印を書いてもらいます。御朱印帳に直接書いてもらえることも多いのですが、なかには、すでに用意された紙を渡されることもあります。

御朱印をいただくには、３００円から５００円くらいの金額をおさめることになります。神社によっては、額が決まっているところもありますし、「お気持ちで」と金額が決まっていないこともあります。ほかの神社の場合を目安に考えればよいかと思いますが、神社というものは、そうした参拝者からの収入によって維持されています。

御朱印のルーツは「納経」ということに求められます。現代では印刷の技術が発達しているので、お経も印刷できますが、昔は手で写すしかありませんでした。となると、お経を写す写経という行為が貴いものと考えられ、写経して寺院や神社に経巻《きょうかん》をおさめることが、信仰活動の一環として広く行われるようになりました。

有名なものとしては、平家一門が、氏神である安芸の宮島、厳島神社におさめた「平家納経」があります。美しい料紙を用意し、そこに、当時は絶大な力をもつと考えられていた「法華経」を写したものです。

それ以前、藤原道長も、入内した娘の彰子が懐妊するようにと、金峯山《きんぷせん》に「御嶽詣《みたけもうで》」をしたことがありますが、そのときも、山頂に「法華経」を経筒に入れておさめています。これは、今日まで残されていて、国宝にも指定されています。

この道長による御嶽詣は、ＮＨＫの大河ドラマ『光る君へ』（２０２４年）でも取り上げられ、話題にもなりました。左大臣という当時の日本ではトップにあった人物が、崖をのぼったりしながら金峯山まで行くのですから、御嶽詣に絶大なご利益があると考えられていたことがわかります。

このように、遠くにある神社や寺院に納経するのは大変なことです。そこで、納経を請け負う人たちが現れるようになります。その人たちは「六十六部」と呼ばれました。66とは日本全国にある国の数でした。六十六部の人たちは、そうした国々をまわって、それぞれの地域の主だった神社や寺院に代行で納経を行ったのです。その際に、たしかに納経を受け付けましたという「納経請取状」が、今日の御朱印のルーツとされています。

御朱印を集めることは、スタンプラリーとは異なり、信仰にもとづく行為になります。ですから、神社によっては、「参拝してから御朱印をいただいてください」と掲示しているようなところもあります。

御朱印帳の最初には、神社界の中心にある伊勢神宮の御朱印をいただくことをすすめると書かれていることもあります。ただ、そのあとは自由ですから、訪れた先の御朱印がどんどんとたまっていくことになります。神社によっては、季節によって御朱印が変わったり、例大祭のときに特別な御朱印が用意されるところもあります。

しかし、ただ御朱印を集めるということでは、御朱印帳も雑然とした感じになってしまい、次にどこの神社を訪れてよいかもわかりません。

できれば、まとまった形で御朱印を集めてみたい。そのように考える方もおられるでしょう。

気軽に参拝できる都市型の神社

宗教施設をめぐることを「巡礼」といいます。それぞれの宗教において、巡礼はとても重要視されています。すぐに思いつくのがイスラム教の「メッカ巡礼」です。これは、アラビア語で「ハッジ」と呼ばれます。ハッジはイスラム教徒が実践しなければならない「五行」の一つとされています。ただ、サウジアラビアのメッカから遠いところに住んでいるイスラム教徒もいますし、人数制限もあるので、すべてのイスラム教徒がこれを果たせるわけではありません。

キリスト教のカトリックであれば、バチカンのあるローマ、ルルドの泉のあるフランスのルルド、それにイベリア半島の西の端にあるサンチャゴ・デ・コンポステラが巡礼地になっています。

イスラエルのエルサレムもそこに含まれますが、日本の仏教であれば、「四国遍路」が最もよく知られています。四国にある88の寺をまわるわけです。小豆島《しょうどしま》にも、それを模した「小豆島八十八ヶ所めぐり」があります。

ほかにも、観音菩薩をめぐるための観音霊場が各地にあります。「西国三十三所観音巡礼」がよく知られていますが、こうしたものはほかの地域にもあります。

神社の世界では、こうしたお遍路や観音霊場に相当するものはあまりありません。

ただ、最近では、比較的近い場所にある神社をめぐるコースが用意されるようにもなってきました。

私が最初に知った神社めぐりは、「銀座八丁神社めぐり」というものでした。

今は行われていないのですが、以前は、「銀座柳まつり」という行事があり、銀座通りをパレードしたりさまざまなイベントが実施され盛り上がっていました。その際に、銀座のなかにある神社をめぐるものとして、銀座八丁神社めぐりが行われました。これは、御朱印ではなく、スタンプをいただくものでした。

銀座祭はなくなってしまいましたが、最近は、神社めぐりの方だけが復活しているようで、やはりスタンプをいただくことができます。

銀座には小さな神社がいくつもあり、この行事には全部で12の神社が参加しています。ただし、松屋デパート屋上は龍光不動尊、三越デパート屋上は銀座出世不動尊で、厳密にいえば、神社ではありません。

銀座八丁神社めぐりは、11月の1日から2日まで開かれます。最も手軽な神社めぐりといえるでしょう。

江戸を感じることができる東京十社めぐり

東京で、もう少し本格的な神社めぐりをしたいということであれば、「東京十社《じっしゃ》」があります。この東京十社について、私は『東京十社が秘めた物語』（ジー・ビー）という本を出していますので、そちらも見ていただきたいと思いますが、これは明治のはじめに定められた「準勅祭社」がもとになっています。

準勅祭社が生まれる前に、まず「勅祭社」が定められました。最初に勅祭社となったのは、参道の話に登場した大宮氷川神社です。明治に時代が変わることで、東京への遷都が行われますが、氷川神社は武蔵国一宮ということで、明治天皇が参拝したのです。これ以降、勅使の奉幣が行われるようになりました。

当時は東京府でしたが、つづいて、東京府内外の12社が、それに準じるということで、準勅祭社と定められました。それが、根津神社、神田神社、亀戸天神社、白山神社、王子神社、日枝神社、品川神社、富岡八幡宮、赤坂氷川神社、芝大神宮、それに現在の府中市の大国魂《おおくにたま》神社と埼玉県久喜市の鷲宮神社でした。

昭和50（1975）年には、昭和天皇即位50年ということで、このうち東京23区内にある十社をめぐる「東京十社めぐり」が企画されました。これに含まれる神社を訪れてみると、それを示した看板がたてられています。専門のサイトも用意されています(http://10jinja.tokyo/index.html)。

東京23区内にあるわけですから、東京十社を1日でめぐることはできます。ただ、せっかく訪れるのでしたら、それぞれの神社の一番すばらしい姿が見られるときを選んだ方がよいでしょう。

たとえば、根津神社であれば、毎年3月の終わりから4月にかけて「文京つつじまつり」が開かれます。つつじ苑に入るには、５００円の入苑寄進料を支払わなければなりませんが、それは見事なつつじです。この季節を外す理由はないでしょう。

あるいは、亀戸天神社は藤の名所で、４月の中旬から下旬にかけて「藤まつり」が開催されます。この近くにはスカイツリーがたち、藤色にライトアップされたツリーと藤棚があいまって、独特な魅力を発揮してくれます。

神田神社や日枝神社になると、「天下祭」とも呼ばれる神田祭と山王祭が有名です。天下祭というのは、江戸時代に、祭の山車が江戸城内に入ることを許され、将軍に拝謁できるからでした。

神田神社は神田明神と呼ばれることも多いわけですが、「江戸の総鎮守」と位置づけられています。日枝神社の方は、徳川家の産土神とされていました。

私には蒐集癖《しゅうしゅう》というものがないので、御朱印を集めることはありません。ただ、本を書くために東京十社の取材をしていたときには、本にも使えるだろうと御朱印を集めてみました。東京十社には専用の御朱印帳がありますが、表紙は木製です。その御朱印帳がすべて埋まると、達成感があったことも事実です。

銀座八丁神社めぐりも、東京十社めぐりも、大都会東京を歩くわけですから、疲れたときに休む場所はいくらでもあります。おいしいものを提供してくれる店もいくらでもあります。それもまた神社めぐりの楽しみということになるでしょう。

こちらは、いつからはじまったのかわからないのですが、最近の京都では「京都十六社朱印めぐり」が行われるようになっています。

町中の古社を訪ねる京都十六社朱印めぐり

東京十社が準勅祭社という共通点をもっているのとは違い、古都京都に点在する古社を訪ねるというものです。東京十社の場合には、時期が特定されていませんが、京都の方は、元日から2月15日までと期間が限定されています。1年のはじめに無事を願って御朱印を集める。そうした趣旨で行われています。

専用の御朱印帳が用意されていて、十六社の御朱印をすべて集めると、最後に訪れた神社で干支の置物がもらえるようです。十六社は、それぞれ場所が離れていますが、ご利益も異なるようです。それをあげてみると、次のようになります。

京都十六社朱印めぐり

【洛北】

・今宮神社（健康長寿・良縁開運）

【洛中】

・わら天神宮（安産・厄除・子授け）
・御霊神社（こころしづめ・厄除開運・学業成就）
・市比賣《いちひめ》神社（女人厄除）

【洛東】

・熊野神社（縁結び・安産・病気平癒・災い除け）
・岡崎神社（子授け・安産・縁結び・厄除）
・熊野若王子《にゃくおうじ》神社（学業成就・商売繁盛）
・豊国神社（出世開運・厄除招福・良縁成就・商売繁盛）
・粟田神社（旅立ち守護・厄除）
・新熊野《いまくまの》神社（健康長寿・病魔退散・お腹守護・芸能上達）

【洛南】

・六孫王《ろくそんのう》神社（出世開運・家運隆盛）
・吉祥院天満宮（受験合格・開運招福・ちえと能力開発）
・藤森《ふじのもり》神社（勝運と馬の神社）

・御香宮《ごこうのみや》神社（安産・病気平癒・厄除・家内安全）

【洛西】

・西院《さいいん》春日神社（厄除・病気平癒・交通旅行安全）

・長岡天満宮（学業成就・合格祈願・厄除開運）

私も、このうちいくつかの神社を訪れたことがあります。豊国神社は、京都国立博物館に隣接していて、豊臣秀吉を祀っています。そのため、豊臣氏を破って天下統一をなしとげた徳川家康が幕府を開くと、冷遇され、廃絶されてしまいました。

明治に時代が変わって再興されることになるのですが、古くからある神社は、こうした歴史をもっていることが少なくありません。歴史を知ることも、好奇心の刺激になることや、脳を活性化させることにつながっていきます。その点については第5章で詳しくふれることにします。

十六社が歴史とかかわることについて、もう一点だけあげておきましょう。このなかに、熊野神社と熊野若王子神社という「熊野」にかかわる神社が含まれています。熊野とは、和歌山県にある「熊野三山」のことです。

熊野三山は、熊野本宮大社、熊野速玉大社、熊野那智大社からなっていますが、それは平安時代からはじまる「熊野詣」の目的地になっていました。歴代の上皇や法皇が熱心に熊野詣を行い、それは「熊野御幸」と呼ばれ、やがて熊野詣は庶民にまで広がっていきました。それも、熊野の地が地上にある極楽浄土とみなされ、そこに詣でれば、死後に極楽往生を果たすことができると信じられたからです。

神社なのに、仏教の説く極楽浄土に生まれるというのは、いかにも神仏習合の時代の信仰のあり方になります。

熊野詣をするには、京都から往復でおよそ６００キロの道を歩かなければなりません。全体で１ヶ月はかかります。しかも、山道を行かなければならないのですが、後白河法皇は34回、後鳥羽上皇は28回、鳥羽上皇は21回、それを行っています。こうした上皇や法皇は毎年熊野詣をしていることになります。同じ年に2度ということさえありました。

このように、熊野詣が大流行したわけですが、熊野まで行くのは大変だということで、京都の街にも三社が勧請され、それは「京の三熊野（もしくは京都三熊野）」と呼ばれるようになりました。そこには、熊野神社と熊野若王子神社とともに、東山区にある新熊野神社が含まれます。

この三社をめぐるのも興味深いことかもしれません。
さらにもう一つ、時間もかかり、その分達成感も大きい神社めぐりがあるのですが、
それについては章を改め第5章で述べていくことにしましょう。

第3章

心を軽くしてくれる神社の自然

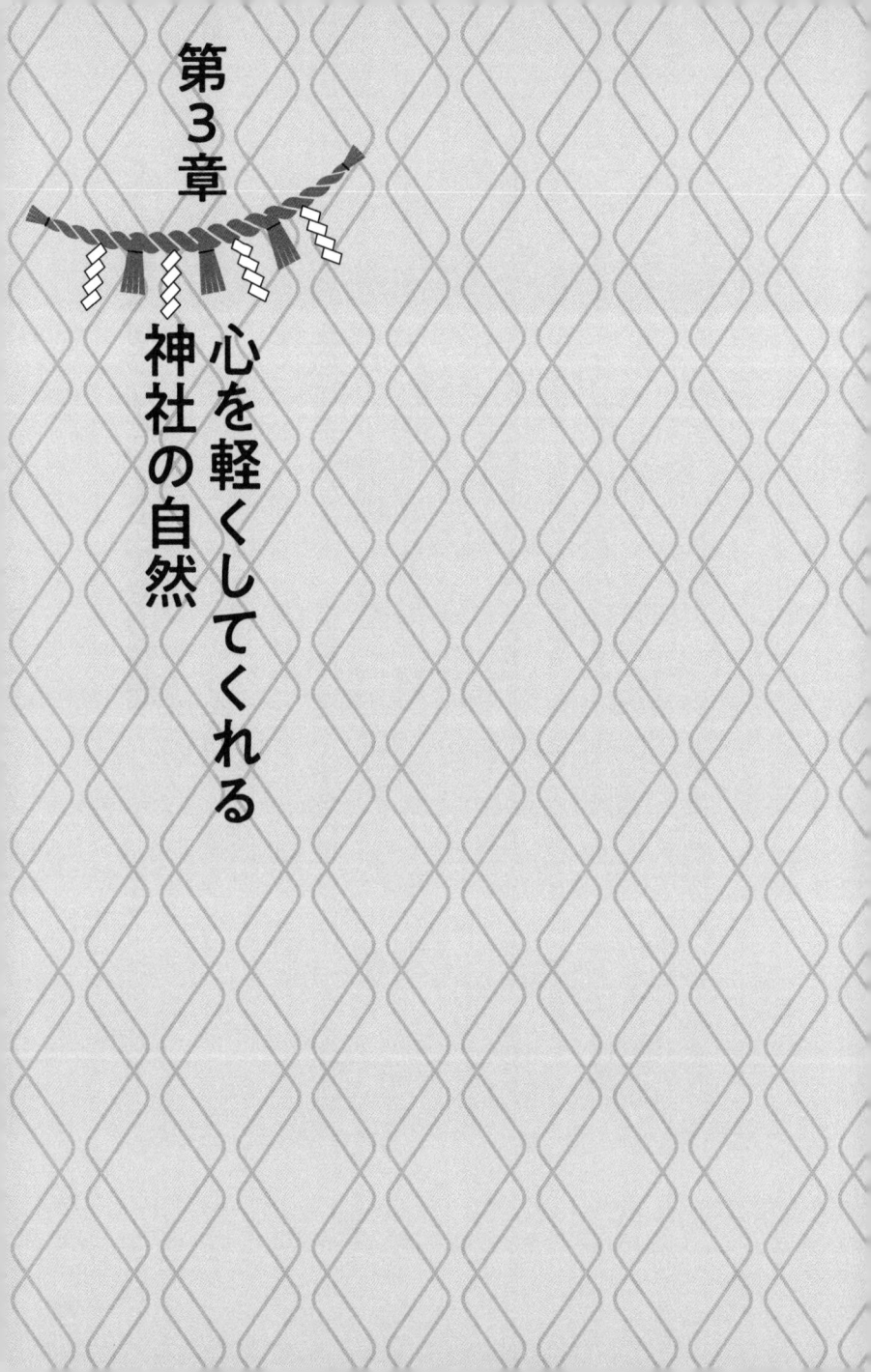

樹木がつなぐ、人と神々の物語

樹木というものは特別なパワーを備えているように思えます。

それを強く感じたのが、十和田湖に旅行に行ったときのことでした。

実は、歌舞伎の巡業公演が秋田の「康楽館」という芝居小屋であり、それを見に行ったのですが、あわせて十和田湖周辺を観光し、十和田神社にも行ってみました。

康楽館は鉱山の厚生施設としてたてられたもので、客席は桟敷になっていますが、外観は洋館風になっていて、とても趣のある建築物になっています。国の重要文化財にも指定されていて、そんな場所で歌舞伎を鑑賞できるというのはとても楽しい体験になりました。なにしろ舞台との距離が近く、役者がすぐそこで演技していたからです。

康楽館も忘れ難い劇場になりましたが、十和田神社も同じでした。杉木立に囲まれ、境内には大きな岩が鎮座しています。神社の社殿も岩の上にあり、古風なたたずまいを示していました。おそらく、昔は社殿などなく、大きな岩を磐座として祭り事を行っていたことでしょう。

十和田神社には、「占い場」というものもあります。神社から山の中へ150メートルほど入り、そこの平場から鉄のはしごをつたっておりたところにあるもので、祈念された「およリ紙」で吉凶を占うのです。ただ、現在は通行禁止になっていて、占い場には行けませんでした。

残されている写真を見ると、鉄のはしごは断崖絶壁にたてかけられています。のぼりおりはかなり怖いかもしれません。再開されたら、また訪れてみたいと思っています。十和田湖周辺の有名な観光スポットとしては奥入瀬《おいらせ》渓流があります。長さ14キロほどにわたる渓流で、渓流に沿って散策することができます。滝などもあり、気持ちよく歩くことができます。

奥入瀬渓流もそうですが、十和田湖周辺には、実に多くの樹木が生えていました。青森という県名が、まさにそれを示しているのですが、いったいそこにどれだけの樹木が生えているのか、想像もできないほどでした。開発もほとんどされていません。まさに「森林浴」にはうってつけの場所です。そこにいるだけで緑に包まれ、こころが安らいでくるのです。

これは、都会での経験になるのですが、私は大学の学部と大学院の時代をあわせて、東京大学の本郷キャンパスに9年間通っていました。本郷キャンパスには、「三四郎池」があります。夏目漱石の小説『三四郎』に由来する場所ですが、池のまわりには、多くの樹木が生えています。手つかずですから、そうした樹木は相当の高さになっています。

私の所属していた文学部（大学院は人文科学研究科）の建物は、その三四郎池の脇にありました。ですから、教室の窓から、鬱蒼と生い茂った樹木が風にゆられている光景を見ることができました。今振り返ってみるならば、いつもそれを見て、癒されていたようにも思えます。樹木は見ているだけでも癒されていくのです。

神社には「鎮守の森」が形成されています。都会にある神社でも、そうしたところは少なくありません。すでにふれた明治神宮などはまさにその代表です。電車の窓から外を眺めていると、住宅街のなかに樹木が生い茂っているところがあるのに気づかされます。たいがいそれが神社の鎮守の森になるわけです。

私が住んでいる場所の近くには、世田谷八幡宮という神社があります。鎌倉幕府を開いた源頼朝の先祖である源義家が、戦地からの帰りに、その近くを通りかかり、豪雨のため足止めをくらいました。それがきっかけで、九州北部にある八幡宮の総本社、宇佐神宮から八幡神を勧請したのが創建のいきさつとされています。

境内には、相撲の土俵があり、江戸時代には「江戸三相撲」の一つとされたといいます。例大祭のおりには、近くにある東京農業大学の相撲部が奉納相撲を披露します。昔は奉納相撲の勝ち負けで、農作物の豊凶を占ったようです。

秋山好則さんという高校の先生が、２００１年に発表した論文に「多摩川下流域における神社の境内の樹木の研究―特に境内の樹種構成とその配置について」（財団法人とうきゅう環境浄化財団）があるのですが、調査の対象には世田谷八幡宮も含まれています。

秋山さんは、１４３社も調査しているのですが、世田谷八幡宮の樹木の数はそのなかで４番目に多かったということです。ＤＢＨ（Diameter at Breast Height）という指標があって、それは胸高直径と呼ばれるものですが、地面から１・３メートルの地点での幹の直径を意味します。

世田谷八幡宮では、ＤＢＨ10センチ以上の樹木が24種類、１５２本生育していて、ＤＢＨ50センチ以上の大木も15種類、42本生育しています。これは、全体の28パーセントにあたります。樹種としては、ケヤキ、クスノキ、サクラ、サワラ、アラカシ、シラカシが境内全域に分布しています。

改めてこうした調査の結果を教えられると、世田谷八幡宮がとても貴重な空間であることがわかってきます。もしここが神社でなかったとしたら、今ごろは宅地として開発されてしまっていたことでしょう。その点で、神社は、都会に緑の空間を残してくれるかけがえのない存在なのです。

これが、伊勢神宮になると、そこには実に壮大な森が広がっています。

伊勢神宮の内宮に参拝するために参道を歩いていくと、杉の巨木が生えている光景に出会います。これは、「神宮杉」と呼ばれるもので、最大のものは樹幹10・04メートルで、高さは50メートルにも達しています。

昔はもっと多くの神宮杉が生えていたのですが、1959年の伊勢湾台風によって倒れてしまったものがあり、その数は減ってしまったのです。伊勢湾台風では5000人以上の犠牲者が出ていて、その被害は2011年の東日本大震災につぐものでした。

外宮《げぐう》の方には、平清盛が勅使として参向したときに、冠がふれた枝を切らせたという伝承のある「清盛楠《きよもりくす》」が生えています。樹齢1000年近いといわれていて、2本にも見えますが、実際には1本の大木です。

内宮の正宮南側には、「宮域林《きゅういきりん》」と呼ばれる森が広がっています。それは「神宮林」

とも呼ばれますが、古来「神路山《かみじやま》・神道山」としてあがめられてきました。

内宮の神域には五十鈴《いすず》川が流れています。宇治橋はこの川に架けられています。その五十鈴川の水源となるのが神路山で、ほかに島路山や前山も同じ役割を果たしています。宮域林の面積は約5500ヘクタールで、ニューヨークのマンハッタンと広さはほぼ同じです。

宮域林は、二つの領域に分かれています。

一つは神々を祀る神域で、内宮の参道はその一部をなしています。神域は2000年以上人の手が入っていないといわれますから、原生林になっていて、学術的にもとても貴重な森になっています。

もう一つは、式年遷宮で用いられる用材や榊などを育てる森です。こちらは、1300年前に式年遷宮の用材である檜を育てるための御杣山《みそまやま》として定められました。その後、御杣山は別の場所に移されましたが、遷宮を行う際に最も神聖な用材となる「心御柱」は、今でも宮域林から伐り出されています（宮域林については神宮司庁編著『図解　伊勢神宮』小学館を参照）。

神社の森がもたらす癒し

伊勢神宮では、立ち入ることができる神域は限られています。そのため、広大な森に存分に接するわけにはいきませんが、京都にある神社だと、長く都があり、そこに住む人々が訪れる機会が多かったためでしょう、開かれている森が少なくありません。

その代表となるのが下鴨神社です。

下鴨神社は、上賀茂神社と対になる神社で、かつては両方をさして「賀茂社」と呼ばれていました。両社が一体の関係にあるのは、京都の三大祭の一つ、「葵祭」を共催しているところに示されています。

なぜ賀茂社が二つの神社に分かれているのか、それは不思議なことでもありますが、上賀茂神社の正式な名称は賀《か》茂《も》別《わけ》雷《いかづち》神社《じんじゃ》で、下鴨神社は賀《か》茂《も》御《み》祖《おや》神社《じんじゃ》です。

上賀茂神社の祭神は賀茂別雷大神《カモワケイカヅチノミコト》で、下鴨神社の祭神は玉依姫命《タマヨリヒメノミコト》と賀茂建角身命《カモタケツヌミノミコト》ですが、玉依姫命は賀茂別雷大神の母であり、賀茂建角身命は玉依姫命の父になります。

上賀茂神社の北北西およそ2キロメートルのところには標高301・5メートルの神

山があり、その頂上には、賀茂別雷大神が降臨したとされる磐座があります。そこまでのぼることができるようですが、神山全体が森になっています。

一方、下鴨神社の場合には、境内には「糺《ただす》の森」が広がっています。現在では約12万4000平方メートルの広さで、東京ドーム3個分に相当しますが、平安時代には、約495万平方メートルにも達していたといわれます。現在のおよそ40倍の広さです。

平安京は政治の中心であったために、1467年の「応仁の乱」をはじめ、幾度となく戦乱に巻き込まれてきました。それによって、糺の森も被害を受けました。また、明治に時代が変わるとき、政府は地租という税金をとるために上知令を発し、神社や寺院の土地を召し上げてしまいました。それによって糺の森も、残念ながら今日の規模にまで縮小されてしまったのです。

それでも、そこには相当に広い森が広がっていますし、4本の小川も流れています。森は原生林ではなく、人の手によって管理されたものですが、幹の直径が10センチを超える木本が4700本群生していて、そのうち約600本は樹齢200年から600年に達するとされています。糺の森がある下鴨神社では、鎮守の森を十分に堪能することができます。

神社と同様に、仏教のお寺にも境内があります。ただ、神社とは異なり、お寺の場合には、そこに森が形成されていることはありません。お寺にあるとすれば、それは「庭園」です。

神社は神道の宗教施設で、お寺は仏教の宗教施設になるわけですが、私は、お寺が「人のための場」であるのに対して、神社は「神のための場」であると考えています。

両者の大きな違いは、お寺には人が住んでいるのに対して、神社は、たいがいの場合、人が住んでいないところに求められます。境内に神社で働く人の宿舎があるようなところもないわけではありませんが、基本的に、人が住むような場にはなっていません。

それに対して、お寺は、「住職」ということばがあるように、そこには基本的に人が住んでいます。住職などの僧侶は、お寺でお勤めを行い、お経を読んだりするだけではなく、仏教の教えを学んだり、修行を行ったり、あるいは弟子を教育したりします。

お寺は人のための場であるために、庭園が設けられるともいえます。お寺にある庭園の代表的なものとしては、浄土式庭園、枯山水、池泉《ちせん》回遊式庭園があります。

浄土式庭園は、極楽浄土の姿を地上にあらわそうとするもので、宇治の平等院がその代表です。枯山水は、禅が求める悟りの境地を形にしたものとされ、竜安寺の石庭がよく知られています。池泉回遊式庭園の代表は、金閣のある鹿苑寺《ろくおんじ》でしょう。

神社にも庭園はあります。たとえば、滋賀県東近江市にある松尾神社には、枯山水の庭園がありますが、これは神仏習合の時代の名残といえるもので、松尾神社はかつて尊勝寺というお寺の鎮守社でした。そのため、安土桃山時代に枯山水が作庭されたのです。

どういった形式をとるにしても、庭園は人工的なものです。それと比較したとき、神社の鎮守の森は、人の手が加えられているものであったとしても、樹木が鬱蒼と生い茂り、「自然」を強く感じさせてくれます。そこには、川が流れ、池があり、場合によっては滝もあったりします。

日本に土着の神道の信仰としては、「山岳信仰」があります。これは、仏教が取り入れられ、密教が力をもつようになると、それと習合し、「修験道」に発展していきました。修験道を実践する人間が「修験者」で、彼らは「山伏」とも呼ばれます。

山伏は、山のなかにわけいって、そこで修行を行います。高い山にのぼり、崖をのぼりおりすることで、からだを鍛えていきます。滝行や水行も重要な修行の方法で、自然の環境を積極的に活用しています。

キリスト教の初期の修道士たちは、荒野に出ていって修行を実践したとされていますが、やがて修道院を営むようになり、修行の場は修道院という建物のなかに移っていきました。

日本の仏教であれば、修験道の影響で、僧侶が山中で修行を実践することもあります。天台宗の総本山である比叡山延暦寺に伝わる「千日回峰行」などは、その代表的なものです。しかし、元来の仏教には、自然のなかで修行するという側面は欠けていたのではないでしょうか。その点で、修験道のような宗教は世界的に珍しいといえます。

日本人が自然を修行の場として活用してきたということは、それだけ自然とのあいだに親密な関係を築き上げてきたことを意味します。私たちは自然のなかに生きている。自然に生かされている。そういう感覚があるからこそ、自然との交わりを重要視してきたのです。

ストレスを緩和させる森林浴

最近では、森林浴ということばがよく使われるようになりました。このことばは、1982年に、当時の林野庁の長官だった秋山智英氏が提唱したものでした。現在では、

“Forest Therapy”“Forest Bathing”などといったことばが海外でも使われるようになってきましたが、これは日本語の訳語です。

森林浴については、それにどういった効果があるのか、科学的な研究が進められています。そうした研究からは、次のような効果があることが明らかになってきています。

福岡県のうきは市では、森林セラピーのサイトを開いていますが、そこでは、その点について次のように述べられています。

森林に入り、木々が発散している「フィトンチッド」を含む香りを吸収することで、リラックスしていることの指標となる副交感神経が優位になり、血圧や脈拍が低下するほか、ストレスを感じたときに副腎皮質から分泌される「コルチゾール」の濃度（唾液中のストレスホルモン）が下がることがわかっています。また、フィトンチッドの吸収と森林浴によるリラックス効果により、ナチュラルキラー（ＮＫ）細胞が活性化され、癌やウイルスなどに対する抵抗力が増すといわれています。

フィトンチッドということばは旧ソ連の科学者が編み出したもののようですが、それは、「樹木などが発散する化学物質の総称」であるとされています。フィトンが植物を意味し、チッドがほかの生物を殺す能力を意味します。植物は、虫が来ても逃げることができないので、自分を守るために虫が嫌う物質を出しています。この物質が、人間のからだにはよい効果をもたらすのです。

ナチュラルキラー細胞の方は、癌細胞やウイルス感染細胞などを見つけて攻撃するリンパ球のことです。それは、人間に生まれながらに備わっている自然免疫を強化する上で重要な役割を果たします。

私たちが健康を保っていく上において、ストレスをいかになくしていくかはとても重要なことです。病気の原因としてストレスがあげられることも少なくありません。

しかし、「ストレスのない生活をおくるようにしなさい」といわれても、それはかなり難しいことです。日々の暮らしのなかでは、さまざまなストレスがかかってきて、それをはねのけることは容易ではないからです。下手をすると、ストレスまみれの生活になってしまう。そんなことだってあります。

仕事をしていれば、プレッシャーもかかりますし、職場の人間関係がストレスの原因になることもあります。家庭は憩いの場ともいわれますが、かえって家庭内の人間関係がストレスを生むこともあります。ストレスは、私たちの生活に、さらには私たちの人生そのものにどうしてもつきまとってくるのです。

そこでストレス解消のための方法がさまざまに提案され、私たちはそれを実行に移そうとするのですが、なかなかこれがうまくいきません。どうしたらストレスのない生活を送れるのか、とくに強いストレスを感じている状態では、想像もできません。

その点で、森林浴は、極めて効果的なものといえるでしょう。なにしろ、森に入り込むだけで、樹木が出すフィトンチッドの恩恵を被ることができるからです。神社の鎮守の森は、森林浴を行うには格好の空間といえるでしょう。

フィトンチッドの役割を果たすのは、生い茂っている樹木だけではありません。葉っぱもそうした働きをします。だからこそ、柏餅のように、柏の葉が鮮度を長持ちさせ、殺菌や防腐の効果を発揮するのです。

古代建築から学ぶ自然と共存する知恵

それは、木材についてもいえることです。タンスにクスノキが用いられるのも、内部に樟脳油が含まれていて、その香りが防虫効果を発揮するからです。ヒノキのタンスにも同様に殺菌作用や防虫効果があります。

ですから、木の家になると、その内部では森林浴と同じ効果が発揮されるとされます。神社の場合なら、社殿が木造になっていることが少なくありません。古い神社になれば、立派な木材が使われています。

東京など、大都会の神社になると、火災や戦災で焼け落ちてしまったため、現在では、コンクリートでできているものが少なくありません。木でたてようとしても、最近では、ヒノキが手に入りにくくなり、また高額の費用がかかるようになってしまいました。ですから、頑丈なコンクリート製の社殿になるのもいたしかたのないところですが、できれば社殿は木造であってほしいものです。木造であれば、社殿自体がフィトンチッドの効果を発揮することになります。

それに関連して注目されるのが、すでにふれた伊勢神宮の式年遷宮です。式年遷宮は、現在では20年に一度行われるようになっていますが、社殿も神宝も一新されるだけではなく、内宮に行くために渡る宇治橋も架けかえられます。

この式年遷宮のことはよく知られています。前回は2013年に行われました。たまたまその年には、出雲大社の遷宮も行われ、あいまって大きな話題になりました。遷宮が行われた年、伊勢神宮の参拝者は歴史上はじめて1400万人を超えました。

式年遷宮は大事業です。というのも、伊勢神宮には、内宮や外宮のほかに多くの神社があるからです。内宮や外宮の境内にも別宮や摂社、末社がありますが、そこからはるか離れた場所にもそうしたものがあり、神社の数は全部で１２５社に達しています。その１２５社すべての社殿をたてなおすわけですから、大変な事業になります。

なぜ伊勢神宮の式年遷宮は20年に一度と定まっているのでしょうか。

ほかの神社でも、式年遷宮は行われてきましたが、出雲大社の場合がそうであるように、屋根の葺き替えなどが中心で、社殿が一新されることはありません。

そこには、古代における建築物のあり方が影響していると考えられます。

京都に「平安京」と呼ばれる都が生まれたのは、延暦13（７９４年）のことでした。それ以来、京都は東京に遷都されるまで都であり続けたわけですが、それ以前の飛鳥時代や奈良時代には、都は次々に遷されていきました。

奈良時代の都といえば、「平城京」になります。しかし、ずっと平城京が都だったわけではありません。奈良時代は84年間続きますが、その間に都は平城京から恭仁京《くにきょう》、難波京、紫香楽宮《しがらきのみや》へと遷っていきました。その後、平城京に戻りますが、平安京に遷都される前にも長岡京に遷都しています。飛鳥時代でも同じでした。

なぜそれほど頻繁に遷都がくり返されたのでしょうか。

それは、当時の建物が長くはもたなかったからです。掘立式の柱や茅葺きの屋根の耐用年数は20年ほどでした。しかも、都ができると、そこに多くの人たちが集まり、大量のゴミや糞尿が堆積してしまいます。そうしたゴミや糞尿から逃れるために、遷都がくり返されることになったのです。現代とはまったく事情が異なっています。

平安京になると、貴族なら寝殿造りの立派な建物に住むようになりますし、一般の庶民も、竪穴式住居ではなく、今の町屋に通じる長屋に住むようになっていきます。耐久性のある建物がたてられるようになったわけですが、京都の場合、平安京の段階ではまだ十分な治水対策が施されていなかったため、頻繁に洪水に見舞われ、それによってゴミや糞尿が流され、それで衛生状態が保たれたといわれています（長野正孝『古代史のテクノロジー――日本の基礎はこうしてつくられた』ＰＨＰ新書）。

伊勢神宮の建物の場合、奈良時代の建築様式が用いられたものと考えられます。現在の建物をみても、近代になって豪華にはなりましたが、素木で茅葺きです。長くもつ工夫は施されていません。

実際、次の遷宮が近づいてくると、茅葺き屋根は剥げ落ちてきます。それは参拝すれば目に入ってきます。外からはわかりませんが、内部もかなり傷んでいるようです。そのため、20年に一度たてかえる必要があるわけです。

伊勢神宮にいったいいつから社殿がたつようになったのか、実ははっきりしたことはわかりません。古い時代の史料がないからです。一般には飛鳥時代の690年から式年遷宮がはじまったとされていますが、正史である『日本書紀』にはまったく出てきません。

その後の正史でも、平安時代初期に20年に一度神宝が伊勢神宮に捧げられたとはされていますが、社殿が一新されたとは記されていません。私は、社殿がたち、それがたてかえられるようになるのは、平安時代になってからではないかと考えています。

その時代になれば、建築技術も進歩し、耐久性のある社殿をたてることもできたはずです。ところが、そうした選択はされませんでした。逆に、「常若《とこわか》」ということが強調されるようになっていきます。常若とは、いつまでも若々しいことを意味します。

私も、2013年の遷宮の直後に伊勢神宮を訪れましたが、真新しい社殿が輝いている光景に接することができました。まさに伊勢神宮は式年遷宮によって若さを取り戻したのです。その光景に接して、式年遷宮の意味を改めて教えられたように思いました。

式年遷宮の作業には多くの人たちがたずさわります。一般の人たちも、さまざまな形でそこにかかわっていきます。2013年の式年遷宮の6年ほど前、2007年には、東京の六本木ヒルズで用材を神宮におさめるための「お木曳《きひき》」の行事が行われました。私もそれを見学に行きました。東京の人でも、お木曳に参加することができたのです。

式年遷宮の行事にかかわることで、それぞれの人たちも、自分も生き返ったという感覚を得ることができるのではないでしょうか。常若ということを実感できれば、私たちも若々しさを保つことができるようになるのです。

自然と一体化する神社の神秘

神社に参拝に行ったとき、みなさんは、いったいどういう行動をとるでしょうか。

社殿の前に行き、そこで参拝をする。それが基本でしょう。最近では、「二礼二拍手一礼」の作法が推奨されていて、それに従って参拝する人たちが増えています。ただし、これはそれほど昔からの作法ではありません。

昭和の時代、あるいは平成の時代のはじめごろの初詣風景の映像が残されていて、それを見てみると、二礼二拍手一礼の作法で参拝している人はまず見かけません。多くは合掌するか、ただ拍手を打つだけです。二礼二拍手一礼はかなり新しい作法なのです。

江戸時代に、伊勢詣が流行するようになったのにあわせて、そのためのガイドブックがつくられるようになりました。その一つに「伊勢参宮細見大全」（１７６６年）というものがありますが、それを見ると、伊勢神宮に参拝した人々は、社殿の前に座り込み、そこで手をあわせて祈っています。

黒澤明監督のデビュー作になった映画『姿三四郎』では、主人公と対決することになった柔道家の娘が、神社の社殿の前にかがみこんで祈っていました。仏教には五体投地という礼拝の仕方がありますが、考えてみれば、立ったまま祈るというのは、神に対して失礼な行為なのかもしれません。

神社に参拝する前に、手水舎《ちょうずや》で口をそそぎ、手を洗うということをしますが、これも、本来なら、精進潔斎し、身を清めて臨むべきところを省略したやり方です。そうした略式のやり方がとられているのも、昔と今とでは神に対するとらえ方が大きく変わってきているからかもしれません。

では、参拝をしたあと、みなさんは、いったいどうされるでしょうか。

目的は果たされたとそのまま帰ってしまうのでしょうか。もしそうなら、神社めぐりとしては、かなりもったいないことになります。

是非、神社の境内を歩いてみてください。そこにはさまざまなものがあるからです。どこの神社でも、本殿だけではなく、境内にはいくつもの摂社や末社が祀られています。本殿の祭神と関係が深い神が祀られているのが摂社で、関係が薄い場合は末社だという区別もありますが、これは必ずしも厳密なものではありません。

ほかにも歌碑やさまざまな石碑が祀られていたりしますが、私たちにパワーを与えてくれるものとしては、なんといっても「ご神木」が重要です。

ご神木は、神社の境内にあって神聖なものと考えられる特定の樹木のことで、樹齢数百年を超える巨木であることが少なくありません。

こうしたご神木は、磐座と同じように、古代においては、神が宿る「依代《よりしろ》」、あるいは「神籬《ひもろぎ》」と考えられていました。ご神木の前に祭壇がつくられ、そこで祭り事が行われていたものと考えられます。

立派なご神木のある神社は少なくありません。

たとえば、神話の国である南九州の高千穂にある高千穂神社には、樹齢８００年を超える秩父杉が生えています。また、拝殿の西には、根元が一つになっている2本の大きな杉があり、それは「夫婦杉」と呼ばれています。夫婦が手をつないで周囲を3回まわると、夫婦円満になるといわれています。

高千穂神社は宮崎県にありますが、鹿児島県も、神話でいわれる高千穂は自分たちのところであると主張しています。その鹿児島県にある霧島神宮の場合も、樹齢800年ほどになるご神木が生えています。これも杉で、周囲は7・3メートル、高さは38メートルにも達しています。仰ぎ見る高さです。

ご神木は杉だけではありません。クスノキのご神木があるのが、天照大神とも深い関係がある住吉三神を祀っている大阪の住吉大社です。住吉大社には、樹齢1000年を超えるクスノキのご神木があるのですが、その根元のところには、楠珺社《なんくんしゃ》という末社が祀られています。

京都の貴船神社になると、本宮の境内には桂のご神木が生えています。これも高さは30メートルほどで、樹齢は400年とされています。

特徴的なご神木のある神社は、全国各地にありますが、樹木と信仰の関係ということで注目されるのが、長野県の諏訪湖周辺にある諏訪大社です。

諏訪大社は、上社《かみしや》と下社《しもしや》に分かれていますが、上社には本宮と前宮があり、下社には秋宮と春宮があります。

諏訪大社には、ほかの神社にはない神事が伝わっています。生きたカエルをくし刺しにする蛙狩神事《かわずがりしんじ》や、鹿や猪の剥製が供えられる御頭祭《おんとうさい》などです。これは、かつては鹿や猪の本物の肉が供えられていたようで、今の見方からすると、随分と残酷なものに思えますが、古代からの狩猟文化と深く関連する伝統的な祭り事なのです。

この諏訪大社の神事として最もよく知られたものが御柱祭《おんばしらさい》です。これは、山のなかから16本のモミの木を伐り出してきて、それを4本ずつ、それぞれの宮にたてるものです。7年に一度といわれていますが、実際には6年に一度行われます。勇壮な木落としが最大の見物になっています。

私は一度木落としを見学したことがありますし、4つの宮すべてをまわったことがあります。御柱祭が終わると、それぞれの宮には4本ずつ御柱がたつことになるわけですが、それを見ていると、昔は社殿などいっさいたっておらず、4本の柱だけがたっていた光景が頭に浮かんできます。

仏教のお寺でも、お堂の四隅に四天王が祀られていて、本尊を守護する役割を担っています。諏訪大社の御柱も、そのなかを結界し、祭神を守っているのだと考えることができます。その点では、本殿がたてられるようになれば、御柱も不要になるはずですが、諏訪大社では共存しています。御柱には神を守る絶大な力があると考えられているからでしょう。

ご神水からいただく自然のパワー

神社にはほかに「ご神水」がある場合があります。ご神水は、神前に供える水を意味しますが、神域から湧き出ている水も、ご神水と呼ばれます。湧き出た水は、清らかな泉となり川となっていきます。

ご神水で名高い神社は各地にあります。ご神水をくむことができるようなところもあって、水をくむために多くの人たちが訪れています。水とはこれほどおいしいものだったのかと、改めてそのことを教えてくれます。

ご神水は飲むだけではありません。湧き出た水で紙幣や硬貨を洗う「銭洗い」という習俗もあります。鎌倉の銭洗弁財天・宇賀福神社などが有名ですが、籠に紙幣や硬貨を入れ、そこに柄杓で水をかけるのです。東京の品川神社にもこれがあります。

お金を洗ったからといって、それで、洗った人のからだに影響があるわけではありません。しかし、人間の欲望の象徴でもあるお金を洗うという行為が、自分を浄《きよ》めてくれるような感覚を与えてくれるのも事実です。

日本の例ではありませんが、キリスト教カトリックの聖地に、フランスのルルドがあります。ここは、幼い少女、ベルナデッタの前に聖母マリアが出現した場所として有名で、現在では一大巡礼地になっています。

マリアの出現が続いているあいだ、マリアの指示によって泉が湧き出しました。この泉には、病気を治す力があるということで、その水が土産物にもなっていたりします。私もそれをもらったことがあります。

水には、さまざまなものを浄める力が備わっているというのは、日本に限らず、世界中あらゆるところにみられる信仰です。イスラム教でも、モスクで集団礼拝を行う前には、そこにある水場でからだを浄めます。イスラム教を開いた預言者ムハンマドの言行録である『ハディース』という聖典には、いかにして祈る前に浄めるのか、その方法が実に詳しく述べられています。

水ということで印象的な神社が、富士山の静岡側の麓にある富士山本宮浅間神社です。富士山には大量の雪や雨が降るわけですが、それは土に染み込み、溶岩の間を通って、長い時間をかけてろ過されていきます。そして、麓の部分で地上に湧き出してきます。富士山麓は、とても水に恵まれたところなのです。

富士山の周辺では、「村山修験」と呼ばれる修験道が発展していきましたが、山伏は、そうした水を活用し、水垢離《みずごり》をとってきました。それが修験道の修行になるわけです。

富士山本宮浅間神社には、国指定の特別天然記念物にもなっている「湧玉池」があります。実に水量豊かな池で、透明度も抜群です。水温は年間を通して13℃で、1日20万トンもの水が湧き出しています。

水は、湧玉池から神社の横を流れる神田川に注ぎ込んでいきますが、水流は実に速く、それに驚かされます。水の流れを見ているだけで、すがすがしい気持ちになってきます。

これは科学的にもいろいろと研究されているところですが、自然の景色にはそれを見るだけで人を癒す効果があるとされています。神社にあてはめてみれば、鎮守の森をながめているだけで、健康によい効果があるというわけです。もちろん、神社だけではなく、自然の景色には同じ効果があります。とくに新緑などは抜群の効果を発揮するとされています。

緑という色は、人間の目に負担なくとりいれることができる色で、それを見るだけでリラックスします。新緑はとくに、そのみずみずしい生命力によって活力を与えてくれるのです。

神社の鎮守の森には落葉樹もあり、それが紅葉して美しかったりもするのですが、一方で常緑樹も豊富にあり、冬の季節に訪れても緑に接することができます。

緑によるリラックス効果は、私が大学のときに感じていたように、窓の外の緑を見ているだけでも得ることができます。さらには風景写真にも同じような効果があるとされています。カレンダーに美しい風景が映し出されているのも、そのためでしょう。

神社に行くだけで、心身ともにリラックスすることができ、ストレスが軽減するのです。神社めぐりは、なんともありがたい健康法であるということになってきます。

まさに神域といった凛とした空気を感じる伊勢神宮

伊勢を流れる神聖なる五十鈴川

第4章

神体山にのぼり、頭脳を活性化する

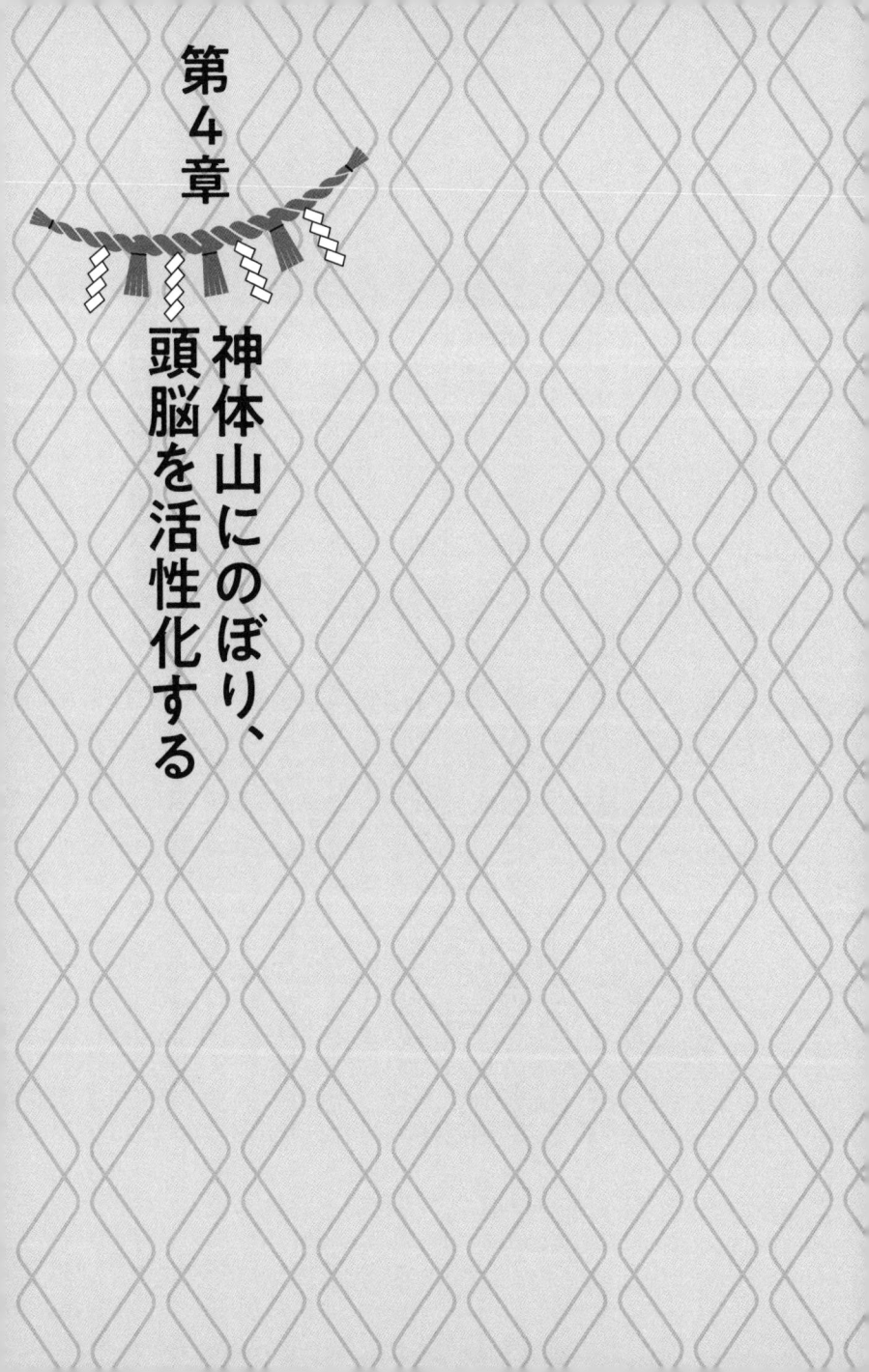

千本鳥居が誘う知的好奇心

第2章と第3章で、神社めぐりがいかに健康によいかを考えてみました。

それについて書いてみると、悪いところがまったくない、そんな印象を受けたのではないでしょうか。長生きをしたいなら、神社めぐりをするしかない。みなさんも、そんな気がしてきたことと思います。

ここからは、さらにその先へ行きたいと思います。神社めぐりはからだによいだけではなく、頭にもよいのではないか、その方向にむかっていきたいと思うのです。神社をめぐりながら頭脳を使う。老化を防ぐためには、それが必要になってくるのではないでしょうか。

そのために、ここではまず京都の伏見稲荷大社にある稲荷山のことを取り上げることにしましょう。伏見稲荷大社は、全国にある稲荷神社の総本社の役割を果たしています。

稲荷山については、なんといっても「千本鳥居」が有名です。朱色の鳥居がつらなった光景は、観光写真でも多く取り上げられてきました。

京都が世界でも有数の観光地となっているのは、そこが色彩豊かな空間になっているからです。咲き誇る春の桜や、神社仏閣を彩る紅葉の季節には、内外から多くの観光客が集まります。

桜は、どの地域でも美しいのですが、京都の紅葉の見事さは、ほかではなかなか味わえないものです。なにしろ京都の紅葉は真っ赤になるからです。昼夜の気温差が大きいことがその要因になっているようですが、神社やお寺にあるので管理が行き届いていることもそこにかかわっています。

京都ほどカラフルな観光地はありません。京都第一の観光地をあげるとすれば、まずは金閣寺の名前があがるでしょうが、それは金色に輝く実に見事な建物です。金閣寺は通称で、正式には鹿苑寺です。そこにある建物が金閣です。

普通建物は、なかに入るためのもので、外からながめるものではありません。ところが、金閣寺は戦後火災にあい、全焼してしまったことで、国宝から除外され、その造作を大きく変えることができました。焼ける前の金閣寺は、むしろ銀閣寺（正式には東山慈照寺）に近い地味な建物で、改築されたときにふんだんに金が貼られたのです。

緑ということでは、新緑などにも注目が集まりますが、苔寺と呼ばれる西芳寺の苔の鮮やかな緑も見逃せません。戦前の苔寺は決して観光名所ではなく、それほど人は訪れなかったのですが、カラー写真が普及することで、魅力的な観光地として多くの人を集めるようになりました。

こうして、金閣寺の金、苔寺の緑、そして伏見稲荷大社の朱が、京都に観光客をひきつける有力な武器になったのです。

伏見稲荷大社を訪れた人たちは、社殿のところで参拝をするだけではなく、千本鳥居のたち並ぶ稲荷山にまで足を踏み入れることになるでしょう。そうしなければ、伏見稲荷大社の魅力を十分に味わったことにはなりません。

稲荷山は、標高が233メートルあります。決して高い山ではありませんから、軽装でものぼることができます。それでも、全体をまわるには2時間ほど時間がかかります。稲荷山を巡拝していくと、朱色の鳥居だけではなく、さまざまなものが目に飛び込んできます。

観光写真に取り上げられることは少ないのですが、いたるところに石碑がたっているのを目にします。一般の神社でも、歌碑や句碑、あるいは忠霊塔などさまざまな石碑にお目にかかりますが、稲荷山の石碑は特殊です。

なにより、その数の多さに驚かされます。しかも、石碑の前には石の鳥居がたってお り、さらには木でできた朱色の鳥居が、それもおびただしい数奉納されているのです。 私がはじめて稲荷山を訪れたのは、まだ大学院の博士課程の院生だった時代です。1980年代の前半だったのではないかと思いますが、その時代には、稲荷山を訪れる観光客もそれほど多くはありませんでした。

そのため、稲荷山のなかはひっそりとしていたのですが、はじめてそうした石碑に接したときには、まったく予想もしていなかったこともあり、驚かされました。また、少し怖いという感覚さえ覚えました。

というのも、どこからか、「般若心経」を唱える女性の声が聞こえてきたからです。女性の姿を見たわけではありませんが、異様な石碑とあいまって、とんでもない世界に紛れ込んでしまったという感覚に襲われました。忘れられない体験です。

その後、そうした石碑が、「お塚」と呼ばれていることを知りました。それぞれのお塚には、「白菊大神」といった形で神名が刻まれています。お塚は、神を祀ったものなのです。

現在では、稲荷山を訪れる人の数も大幅に増えたので、ひっそりとしていることなどなく、恐ろしいという感覚はすっかり失せてしまいました。けれども、稲荷山でくり広げられている光景がほかではお目にかかれない特別なものであるのは間違いありません。もし、伏見稲荷大社を訪れることがあるなら、是非、稲荷山をめぐってみてください。ほかでは味わうことのできない神社めぐりができるはずです。

稲荷山と平安時代の女性たち

みなさんも、稲荷山について関心が生まれてきたことでしょうから、ここでは、少し稲荷山について勉強してみることにしましょう。

稲荷山をめぐる風習は、平安時代からありました。稲荷の祭といえば、2月の「初午《はつうま》」がよく知られています。稲荷の神は稲の神で、そのころに、稲作の準備がはじまるからだとされていますが、平安時代には初午の日に稲荷山にのぼる「稲荷詣」の風習がありました。

平安時代に、稲荷詣を試みた女性たちが、そのことについて書いています。その代表が清少納言で、彼女の『枕草子』には、稲荷山詣のことが出てきます。

それは、第153段の「うらやましげなるもの」にあります。段数は、どの『枕草子』を使うかで変わってきます。ここでは角川文庫版での段数を使います。雰囲気をあじわってもらうために、まず原文を引用し、そのあとに解説することにしましょう。

清少納言は、「稲荷に思ひおこして詣でたるに、中の御社《みやしろ》のほどの、わりなう苦しきを念じのぼるに、いささか苦しげもなく、遅れて来《く》と見る者どもの、ただ行きに先立ちて詣づる、いとめでたし」と書いています。

一念発起して稲荷詣を試みた清少納言は、稲荷山の中腹にある中の御社まではたどり着いたのですが、そこまでのぼるのに相当苦労した様子です。もうバテバテといったところでしょうか。

ところが、後ろからのぼってくる人たちはいっこうに苦しそうではなく、どんどんと先へ行ってしまいます。清少納言は、そんな人たちを感心して見つめています。

さらに彼女は、「二月午の日の暁に急ぎしかど、坂のなからばかりに歩みしかば、巳の時ばかりになりにけり。やうやう暑くさへなりて、まことにわびしくて、など、かからでよき日もあらむものを、なにしに詣でつらんとまで、涙も落ちて休み極《ごう》ずるに」と述べています。

早朝に出発したのに、すでに巳の時ですから、午前10時くらいになっていました。暑さもましてきて、わびしい気持ちにもなってきました。旧暦の2月だと、今の暦では3月の後半から月がはじまることがあります。彼女がどの年に稲荷詣をしたかはわかりませんが、きっと4月近くになっていたのではないでしょうか。だから暑いのです。彼女は、こんなときにのぼらなくてもよかったのにと後悔し、涙まで出てきました。

そこで休んでいると、「四十余ばかりなる女の、壺装束などにはあらで、ただひきはこえたるが、『まろは七度詣でしはべるぞ。三度は詣でぬ。いま四度はことにもあらず。まだ未に下向しぬべし』と、道にあひたる人にうち言いて、下り行きしこそ、ただなる所には目にもとまるまじきに、これが身にただ今ならばやとおぼえしか」という出来事が起こります。

壺装束というのは女性の旅姿で、清少納言はそんな姿で稲荷詣をしていたのでしょう。そこに、壺装束ではなく、ただ着物の裾をたくし上げただけの40過ぎの女性がやってきて、「自分は稲荷詣を7回やることを目標にしてきたけれど、今は4回目。午後2時ごろには家に戻れるはず」などとまわりの人に言いながら下山していったのです。

清少納言は、そんな女性は、普通の場所なら格別注目されないと意気がっていますが、今は、その女性に成り代わりたいものだと本音をもらしています。

果たしてこのあと、清少納言はどうしたのでしょうか。この文章の様子からすると、上までのぼらず、休んだところから下山してしまったのではないでしょうか。もし稲荷詣をやりとげていたら、きっとそのように書いていたことでしょう。清少納言は、根性なしだったのかもしれません。

稲荷詣をした平安時代の女性は清少納言だけではありません。稲荷詣のことは、いろいろな作品でふれられているのですが、『蜻蛉《かげろう》日記』の作者、藤原道綱の母もその一人でした。彼女は、摂政関白となった藤原兼家の妻の一人でした。

摂政関白の妻であれば、今でいえば、内閣総理大臣の妻ということになります。しかし、この時代は一人の男性が多くの妻をもつのは当たり前のことで、兼家には9人の妻や妾がいたとされています。しかも、道綱の母は正室ではありませんでした。

したがって、その立場は不安定で、それを反映して、『蜻蛉日記』には悩みや嘆きがつづられています。彼女が稲荷詣をしたのは、初午のときではなく、9月となっていますが、「世の中をかしからん。ものへ詣でせばや。かうものはかなき身のうへも申さんなどさだめて、いとしのびある所にものしたり」と、その動機をつづっています。9月になったので、さぞや景色も美しくなっただろうと、物見遊山に出かけようと考えたものの、自分の心細い身の上を神に訴えようと、密かに稲荷詣をしたというのです。

彼女は、稲荷山の下の社からはじめて、清少納言が休んだ中の社、そして頂上の上の社をめぐり、それぞれの社のところで、神に対して歌を捧げています。

たとえば、中の社で捧げた歌は、「稲荷山おほくの年ぞ越えにける祈るしるしの杉をたのみて」というものでした。自分は、何度も稲荷山にのぼってきたというのですから、清少納言とは大違いです。しるしのスギは、今は、稲荷山の神木であるスギを使った縁起物として伏見稲荷大社から授与されますが、平安時代には、稲荷山のスギを持ってきて、それを植える風習があったようです。そのスギにかけて、自分の祈りを聞き届けてほしいというわけです。

道綱の母は、別の年の9月にも、同じように稲荷山をめぐり、三つの社に歌を奉納しています。彼女が、稲荷の神をあつく信仰していたことがわかります。

道綱の母は、なぜか9月に稲荷山詣をしていますが、多くの人たちが訪れたのが、清少納言と同じく2月の初午のときでした。『今昔物語集』第28の巻では、「衣曝《きさらぎ》ノ始午《はつうま》ノ日ハ、昔ヨリ京中ニ上中下ノ人稲荷詣トテ参リ集フ日也」と述べられています。2月の初午には、身分の上下を問わず、多くの人たちが昔から稲荷詣をしてきたというのです。

古文については、誰もが中学や高校の授業でならいます。そのときには、なぜこんなものを勉強しなければならないのかと思うこともあったはずです。『蜻蛉日記』は、高校の古文の教科書に出ていて、それで勉強しましたが、とても文章が難しくて苦労した経験があります。

ところが、神社めぐりをはじめて、稲荷山にものぼってみると、清少納言や『蜻蛉日記』の作者が同じことを平安時代にしていたのかと、古文の難しい文章が、急に身近に感じられてきます。現地を経験しているかどうかで、文章に対する理解は格段に深まってくるのです。

ここにも、神社めぐりの効用を見出すことができます。頭の方も刺激されてくるのです。

さて、この章を読み進めてきて、ここでみなさんは疑問に思われることがなかったでしょうか。

『蜻蛉日記』や『今昔物語集』については稲荷詣にかんする部分をすべて紹介したわけではありませんが、『枕草子』については全体を紹介しました。そのなかに、千本鳥居のことがまったく出てこなかった、そう思われるのではないでしょうか。それは、『蜻蛉日記』や『今昔物語集』についてもいえます。平安時代の作品には、千本鳥居はまったく登場しないのです。

清少納言が稲荷詣をしたというのであれば、千本鳥居をくぐって稲荷山をめぐったかのように思われることでしょう。ところが、それはあり得ないことでした。というのも、平安時代には、稲荷山には千本鳥居などなかったからです。実は、稲荷山には秘密が隠されているのです。

お塚と千本鳥居の誕生

では、千本鳥居はいったいいつからあるのでしょうか。

江戸時代には、社会が安定し、道中の安全が確保されるようになったため、一般の庶民のあいだにも旅行ブームが生まれます。そうなると、旅行ガイドも刊行されるようになりました。それが各地域の名所図会です。京都については、『都名所《みやこめいしょ》図会《ずえ》』が刊行されました。

もちろんそこには、伏見稲荷大社も登場します。そこでは「三之峰《みつのみね》稲荷社」として掲載されていて、境内の様子が描かれていますし、背景には稲荷山も描かれています。

三之峰というのは、平安時代の作品に登場する下の社、中の社、上の社のことで、それぞれが小高くなっていることから、三ノ峰、二ノ峰、一ノ峰と呼ばれるようになっていました。ただ、稲荷山は遠景として描かれているだけなので、そのなかの様子はわかりません。

『都名所図会』の続編として刊行されたのが、『拾遺《しゅうい》都名所図会』です。そこには「稲荷山初午図」が含まれています。初午のときですから、稲荷山に多くの人たちがのぼっているのがわかります。茶店も描かれていますが、千本鳥居はありません。社殿の屋根の一部が描かれていますが、そもそも鳥居は1本も描かれていないのです。お塚もまったく登場しません。

『拾遺都名所図会』が刊行されたのは、天明7（1787）年秋のことでした。江戸が明治に時代がかわるのは1868年のことですから、江戸時代の後半ということになります。その時点では、稲荷山には千本鳥居もお塚もまったく存在しなかったのです。

稲荷山にお塚がたつようになったのは、明治時代になってからのことです。そこには、

「廃仏毀釈《はいぶつきしゃく》」が影響しているといわれています。

明治政府は、天皇を中心とした政治を実現し、神道の信仰を広めようとしました。ところが、それまでの日本社会では、「神仏習合」という状況がつくりだされていて、神道と仏教、神と仏の信仰が入り交じっていました。ですから、神社の境内にはお寺が設けられ、お寺の僧侶が社殿の前で読経するといったことが当たり前に行われていたのです。今からは想像しにくい状態です。

そこで、政府は「神仏判然令」というものを出して、神社の境内から仏教に関連したお堂や仏像などを一掃することを命じました。それによって「神仏分離」という事態が生まれたのですが、なにしろ江戸時代には寺請制度があり、どの家も地域の菩提寺の檀家になることを強制されていたので、お寺に対する反発もあり、それがお寺や仏像を破壊する「廃仏毀釈」に結びついたのです。

それは稲荷山にも及びました。そこに祀られていたお堂や仏像は撤去されたり、破棄されたりしました。そうしたお堂や仏像を祀っていた人たちが、稲荷山のなかにあった土饅頭に御幣をたて、それを依代にするようになりました。それがやがては石碑へと発展し、お塚がたてられるようになったのです。

さらに、そうしたお塚に、鳥居が奉納されるようになりました。伏見稲荷大社では、鳥居を奉納する習慣は江戸時代にはじまるとしていますが、今のように多くの鳥居がたてられ、千本鳥居とまでいわれるようになったのは、明治時代以降のことです。お塚は急速に増えていき、現在では、１万基以上にも及んでいます。

お塚をたてたのは伏見稲荷大社の側ではなく、すべて一般の信者が行ったことです。神社の側は、むしろ規制をかけ、戦後になると許可制にしたほどでした。明治以降、お塚の建立と鳥居の奉納は大ブームとなり、今日のような稲荷山を生んだのです。

調べていくと、神社にも歴史があり、時代によって大きく変化してきたことがわかります。それはとても興味深いことですし、それによって実際にその神社を訪れたとき、より興味がわいてくることになるのです。

伏見稲荷大社の場合には、平安京が開かれる前から存在しました。渡来人の秦氏《はたうじ》が営んでいた神社であるといわれています。そして、稲荷山は、平安京から徒歩圏にあったため、稲荷山詣の習慣がすぐに生まれました。ここまで見てきたとおりです。

稲荷山は開かれた山で、誰もが詣でることができました。その分、史料も多く残っているわけで、それをもとに昔の稲荷山の姿を再現することができます。

さらに、伏見稲荷大社では、『朱』という雑誌を刊行していて、そこには、伏見稲荷大社や稲荷山、さらには稲荷信仰に関連する研究も発表されています。私も、共著ではありますが、銀座の稲荷について論文を掲載してもらったことがあります。

しかし、どの神社もそうした状況にあるわけではありません。昔のことについてはよくわからないという神社が少なくありません。むしろ、その方が多くなっています。

その分、神社は多くの謎に包まれていて、私たちの知的好奇心を刺激してくれます。

次はそうした神社について見ていくことにしましょう。

本殿のない神社

まずは奈良の大神神社です。

大神神社は、神社の最も古い形を今日に伝えているといわれます。それも、この神社には、拝殿はあっても、本殿がないからです。

一般の神社には、拝殿があり本殿があります。本殿に祭神が祀られていて、参拝する際には、その手前にある拝殿の前でそれを行うのです。拝殿の前には賽銭箱が用意されています。鈴がかけてあって、それを鳴らすことができるようになっていたりします。

祭神が祀られている本殿がないのであれば、では、祭神はどこにいるのでしょうか。

大神神社では、拝殿の背後にそびえる三輪山に神が宿っているのです。標高は４６７メートルですから、稲荷山（２３３メートル）のちょうど2倍の高さがあります。三輪山は、大神神社の「神体山」です。三輪山は全体が禁足地となっていて、立ち入ることはできません。大神神社の神職でさえ、それは同じです。

ただ、三輪山の頂上には高宮神社という奥宮があるため、そこに参拝するための道を1本だけのぼることができるようになっています。のぼるためには、大神神社の境内にある狭井神社まで行き、そこで登拝料を支払い、許可を得なければなりません。その際には、紙でできた襷《たすき》と、山内の案内図がわたされます。案内図には、撮影やスケッチの禁止など、注意事項が記されています。

三輪山は稲荷山の倍の高さがありますから、のぼっておりるまで、慣れた人で2時間、一般の人で3時間はかかります。ですから、登拝の受付は午前中で締め切られます。午後3時までに下山報告をするよう求められています。

全国の神社のなかには、険しい山のなかにあって、そこにたどり着くだけで大変なところがあります。私は行ったことがありませんが、北海道久遠郡せたな町にある太田山神社などはその代表です。

この神社の本殿は標高約330メートルのところにあるのですが、急勾配の石段からはじまって、幅が1メートルしかない細い鉄橋をわたり、最後は、本殿まで鉄の鎖をつかって90度の絶壁をのぼらなければなりません。参拝するのは相当に大変そうです。

それに比べれば、三輪山は安全にのぼることができます。ただ、急坂もありますし、注意書きにも記されているように、地面は絶えずぬかるんでいます。十分に余裕をもってのぼる必要があります。稲荷山とは少し状況が違います。

私も一度だけ、三輪山にのぼったことがあります。その日は、曇りがちな日で、天候の変化が心配されたのですが、なにしろ東京から出向いたので、のぼるしかありませんでした。大神神社に着いたころには霧雨が降っている状態でしたが、のぼれないわけではありませんでした。

実際、頂上まで無事にのぼることはできました。ほかにものぼってきた人たちがいて、そのなかの一人から、「島田先生」と声をかけられたほどでした。知り合いではありませんが、テレビなどで顔を知っていたのでしょう。

そこまではよかったのですが、いざ下山しようとしたところで、突如として大雨になってしまいました。うかつにも、そのための対策をしていなかったので、ずぶ濡れになり、かなり大変な思いをして下山しました。大雨は厄落としのようなものだったのかもしれません。

三島文学が描く三輪山の風景

では、三輪山にはいったい何があるのでしょうか。

なにしろ撮影もスケッチも禁止されているので、調べてみても、三輪山のなかにあるものを撮った写真や絵を見つけることはできません。ただ、山内の様子についてつづった文章はあります。

たとえば、三島由紀夫の小説に描かれています。その小説とは、三島が市谷の自衛隊に乱入して自決する前に書いた「豊穣の海」という連作小説の第2巻『奔馬』のことです。「豊穣の海」は、輪廻転生がテーマになっていて、それぞれの巻の主人公は、生まれ変わりになっています。

『奔馬』の主人公はまだ10代の学生で、明治時代に起こった士族反乱の神風連にあこがれているという設定になっています。最後、その学生は、伊勢神宮で不敬な行為に及んだ実業家を殺害し、切腹自殺をとげます。著者のその後を暗示するような結末です。

その『奔馬』に、主人公が三輪山にのぼる場面が出てきます。三輪山を少しのぼったところには三光の滝があって、そこは滝行ができるようになっているのですが、三島はその様子を次のように書いています。

《高い滝口の明るい茂みのところに七五三縄を張り、そのあたりにだけ風にさやぐ草木のみどりと白い幣《しで》の翻《ひるがえ》る色があって、目をそこから下に移せば、すべては暗い石組に護られて、不動明王の小祠を岩穴に据え、繁吹《しぶき》に濡れる羊歯も藪柑子《やぶこうじ》も榊もほの暗く、ただ一条の細い滝だけが白い。水音は岩組へ反響して凄くきこえる。》

そこには、たしかにそのような光景が広がっているのですが、文学者の手にかかると、自然が神秘的なものに思えてきます。この三光の滝のところには小屋がたっていて、そこで着替えをして、滝行をすることができるようになっています。『奔馬』の主人公は、案内してくれた大神神社の宮司に促されて、滝行に挑んでいます。三島も、実際にそれを体験したのではないでしょうか。

滝行という修行の方法が、いったいいつからはじまるのか、それを明らかにするのは難しいところです。『古事記』や『日本書紀』では、水によって浄める禊についてふれられていますから、古代から続くものともいえます。ただ、滝行に力を入れるのは修験道で、これは、土着の山岳信仰と密教とが融合したところにうまれましたから、平安時代以降になります。

ただ、滝行ができることが、三輪山を神の宿る山としているわけではありません。重要なのは、すでに述べたように、三輪山にある磐座です。

三輪山には、その中腹に「中津磐座」と呼ばれるものがあります。また、頂上にある高宮神社のさらに奥には「奥津磐座」があります。麓には「辺津磐座」があったはずなのですが、これがどこなのか、今でははっきりしなくなっています。すでに述べた山の神遺跡などは、その候補の一つです。

三島は、奥津磐座について、次のように述べています。

《難破した巨船の残骸のような、不定形の、あるいは尖り、あるいは裂けた巨石の群れが、張りめぐらした七五三縄のなかに蟠《わだかま》っていた。太古から、この何かあるべき姿に反した石の一群が、並の事物の秩序のうちには決して組み込まれない形で、怖ろしいような純潔な乱雑さで放り出されていたのである。》

文学作品においては、たとえが多く用いられますが、三島はここで、磐座を「難破した巨船の残骸」にたとえています。たしかに、磐座は表面が黒く、残骸であるかのようにも見えます。石段や石を使った建築物であれば、整然としていますが、磐座は雑然と投げ出されたような姿をとっています。

さらに、三島は磐座についての描写を続けていきます。

《石と石は組み打ち、組み打ったまま倒れて裂けていた。別の石は、平坦すぎる斜面をひろびろとさしのべていた。すべてが神の静かな御座《おまし》というよりは、戦いのあと、それよりも信じがたいような恐怖のあとを思わせ、神が一度坐られたあとでは、地上の事物はこんな風に変貌するのではないかと思われた。》

山の神遺跡で発掘された品々が示しているように、三輪山の磐座では、その前に祭壇が設けられ、多くの供物が捧げられたものと考えられます。そのとき、どういった儀式が執り行われたのか、文献史料がないので、詳細は不明です。

しかし、ここは想像力によるところですが、古代において磐座で祭り事を行った人たちは、その場に神が実際に現れたと感じたのではないでしょうか。三島が描く磐座の姿は、そのことを物語っているように思えます。神が現れることで、その場の光景は一変してしまったのです。

私はまだ、そうしたことを試みてはいませんが、三島の『奔馬』の本を携えて、三輪山にのぼり、磐座の前で、今引用した箇所をもう一度読み直してみたら、祭り事が行われたときの磐座の光景が、目の前にありありと蘇ってくるかもしれません。

もう一人、三輪山のなかで見た光景をつづっている人物の文章を紹介しましょう。それを読んでみると、三島が描いたのとはまったく異なる三輪山の姿が見えてきます。

それは、岡本弘彦氏の文章です。岡本氏は、宮中の歌会始《うたかいはじめ》の撰者をつとめた著名な歌人ですが、御年100歳で、今も歌をつくり続けています。岡本氏は何度も三輪山にのぼった経験があるようなのですが、山中の様子を次のようにつづっています。

《道ばたの目だって太い杉の幹には注連縄が巻いてあって、その根元には小さな祭壇のような石が据えられ、お供物や狐の像、あるいは線香の供えられたものもある。このお山はあの稲荷山に似たところがあって、神も仏も稲荷信仰も入りまじった民間信仰の雰囲気が感じられる。歳末のころに登ってくると、何人かの信者を連れた教祖らしい老婦人が、自分の信じる杉の大木に注連縄を掛けて、一心不乱に祈っている姿を見ることもある。》（「大神神社　神々の物語」『日本の古社　大神神社』淡交社）

禁足地という手つかずの自然

私が三輪山にのぼったときには、供物は見かけませんでした。ましてや木のところで祈っている教祖のような女性にも出会いませんでした。会っていたら、かなり興味深いことになっていたのでしょう。

この文章を読んで思い出されるのが、はじめて伏見稲荷大社の稲荷山にのぼったときのことです。おびただしい数のお塚に圧倒されているとき、私は、女性が「般若心経」を唱える声を聞きました。岡野氏も、ここで稲荷山についてふれています。この文章が発表されたのは2004年のことですから、今から20年前になります。多くの観光客が訪れる前の時代のことと考えてよいでしょう。

三輪山は、禁足地になっていて、簡単には立ち入ることができません。そのため、そこには手つかずの原生林が広がっています。しかも、『奔馬』は昭和7年から8年の話になるのですが、主人公を三輪山に案内した宮司は、「ふだんはよほどの古い崇敬者に限って入山をお許ししているわけであります」と語っています。三島は、取材を通してそのことを知ったのでしょう。戦後、熱心な崇敬者の要望で、三輪山にのぼれるようになりました。

こうしたところからすると、もし三輪山が禁足地になっておらず、昔から開放されていたとしたら、稲荷山と同じような状態になっていたかもしれません。

というのも、稲荷山と三輪山とを比べてみると、その形がかなり似ているからです。稲荷山には、三つの峰があるわけですが、それは三輪山の辺津磐座、中津磐座、奥津磐座に対応しています。稲荷山にも、「剱石」という大きな岩があります。それは「雷石」とも呼ばれますが、磐座に違いありません。今では、長者社神蹟として社が設けられています。

稲荷山が三輪山と同じような形をとっているということは、そこが神体山として禁足地になっても不思議はなかったことになります。そうなっていれば、稲荷山には原生林が広がり、古代を思わせる神秘的な場所になっていたはずです。

そうしたことも、稲荷山のことについて知り、それをもとに三輪山と比較をしたときにはじめて見えてくることです。神社めぐりを重ねていくと、より興味深いことがわかってくるのです。頭を働かせる甲斐があるというものです。

神社めぐりで広がる知識の海

稲荷山や三輪山にのぼることが健康を増進させることに役立つのは事実です。のぼりきることで、自分の健康に自信がもてるようになるかもしれません。

しかし、稲荷山や三輪山について、さまざまなことを調べ、学んでいくと、神が宿る山にのぼるという体験が、より意義のあるものになっていきます。のぼっている途中で目にするものがいったい何なのか、それを知ることができるようになるからです。

神社とは何かを知る上において、稲荷山や三輪山にのぼり、その実際の姿に接することはとても重要なことになってきます。

とくに大神神社の場合で考えてみると、神社というものが、古代からどのように発展してきたのかがわかってきます。

最初は磐座です。そこに祭壇をつくり、供物を捧げることで神の出現を待つ、そこからはじまったと考えることができます。ほかの神社の場合にも、磐座があるところはたくさんあります。

次には、磐座がある山が神体山として信仰の対象になります。神体山は「神奈備《かんなび》」とも呼ばれます。特定の山に神が宿っていると考えられるようになるのです。

神体山をかかえている神社は少なくありません。たとえば、富士山とその周辺にある神社などは世界遺産に登録されていますが、その構成遺産の一つに山宮浅間神社があります。この神社には本殿もなく、拝殿さえありません。石の柵に囲まれた遙拝所があるのですが、そこから神体山として富士山を拝む形になります。

そのように山が神聖なものとして信仰の対象になると、今度は、その山を一般の社会と区別するために鳥居がたてられるようになります。

今は鳥居だけしかない神社は見かけませんが、鎌倉時代の大神神社では、この神社特有の、鳥居を三つあわせた三ツ鳥居だけがたっていました。当時の文献史料に、そのように記されています。

あるいは、京都の亀岡にある出雲大神宮は、かつては出雲神社と呼ばれていましたが、そこに伝えられている鎌倉時代の絵図でも、神体山の麓に鳥居だけがたっている光景が描かれています。そのあと、拝殿がたてられ、さらには本殿がたてられるようになりました。拝殿と本殿は同時にたったのかもしれません。

神社の社殿というものが、拝殿でも本殿でもよいのですが、いったいいつからたてられるようになったのかは、実は謎です。正確なところはわかっていません。

現存する最古の神社建築は京都にあります。京都の南、宇治には平等院鳳凰堂がありますが、それと宇治川を隔てたむかい側に宇治神社があります。その宇治神社の奥に、宇治上神社があるのですが、ここは世界遺産の構成遺産に登録されています。

なぜ宇治上神社が世界遺産なのかは、それは本殿が最古の神社建築だからです。当然、国宝に指定されていますが、拝殿も国宝です。拝殿は寝殿造りで、鎌倉時代の建物です。

本殿は拝殿の奥にありますが、その前まで行くことができます。本殿の建物は、実は覆屋で、そのなかに三棟の社殿がたっています。覆屋は格子になっていて、なかをのぞくことができます。覆屋は後世につくられたものともいわれますが、なかの社殿と同じ時につくられたという説もあります。

覆屋の正面は桁行き5間ですので、12メートルほどの長さになります。社殿につかわれている木材を科学的に測定したところ、１０６０年に伐り出されたことがわかりました。そのころにたてられたと考えられるわけです。これが、最古の神社建築になるわけです。

最古の寺院建築は奈良の法隆寺です。創建は６０７年ですが、６７０年に焼失してしまい、今の建物はそののち再建されたものです。それでも、宇治上神社よりも、４００年くらい古いものになります。最古の神社建築と最古の寺院建築では、時代に大きな開きがあります。

私は絵巻物などを調べてみました。そこに神社の社殿が描かれているかどうかを確認しようとしたのです。ところが、絵巻物は平安時代の終わりにならないとつくられませんでした。つまり、宇治上神社の創建よりも時期が遅いのです。

私が調べた限り、平安時代の終わりにつくられた絵巻物のなかで、神社の社殿を描いたものが、『信貴山縁起絵巻』の「尼公之巻《あまぎみのまき》」になります。それは、尼公と呼ばれる女性が行方不明の弟を探す話なのですが、そのなかに、路傍の木の下に小さな社が描かれています。決してそれは立派な社殿ではありません。屋敷神として祀られているようなごく小さな社なのです。

こうしたことからすると、神社に社殿がたつようになったのは、かなり時代が遅くなってからではないかと考えられます。ただ、そうなると、伊勢神宮の式年遷宮はどうなるのかと、疑問の声があがるかもしれません。

伊勢神宮によれば、最初の式年遷宮は持統天皇4（690）年に行われたとされています。これは内宮の遷宮で、外宮は同6（692）年に行われたとされています。

ところが、日本の最初の正史である『日本書紀』には、式年遷宮のことはまったく出てきません。『続日本後記』になると、嘉祥2（849）年の条に、神宝を20年に一度奉ると述べられていますが、社殿についてはふれられていません。

20年に一度社殿を一新すると述べているのは、延長5（927）年に完成した「延喜式」です。式とは、律令を実行にうつすための細かな事柄を定めたものになります。この時点では、伊勢神宮に社殿がたっていたことになりますが、最初にそれがたったのはいつなのか、そこまではわかりません。

実は、伊勢神宮には不思議なものがあります。境内図を見ても出てきませんし、伊勢神宮についてのガイドブックにも出てこないものです。

伊勢神宮の内宮の北には、神宮の事務を司っている神宮司庁の建物があります。さらにその北にあるのが「内宮磐座」です。伊勢神宮にも磐座があるのです。標識も何も出ていませんが、スマホのマップでは、はっきりと内宮磐座と出てきました。

道路からのぼってみると、高さ6メートルほどの巨大な岩がそこに鎮座しています。空に飛び出るような形をしていて、見ようによっては男性の生殖器のようです。

私は、そこへ行ってみましたが、これこそが伊勢神宮の原点なのではないかと思いました。伊勢神宮の側は、この磐座の存在をまったく無視していて、注連縄などもはられていないのですが、その重要性を示している事実があります。

一つには、磐座の横に平坦な場所があり、そこで、式年遷宮の最初の儀式である「山口祭」が行われることになっています。最初の儀式ですから、その場所が重要だということでしょう。

もう一つは、その位置です。

内宮の正宮は南向きにたっています。その前で礼拝をすると、正宮の北にある荒祭宮を同時に拝む形になります。荒祭宮は、数ある伊勢神宮の別宮のなかでも最も重要なもので、正宮に祀られた天照大神の荒御魂を祭神としています。荒御魂は、神の荒ぶる側面を示したものです。

この位置関係自体が興味を引くところですが、内宮磐座は、荒祭宮のさらに真北に位置しています。つまり、内宮に参拝すれば、荒祭宮を同時に拝み、さらには内宮磐座を拝む形になるのです。あるいは、正宮は磐座を拝むための遙拝所かもしれないのです。

ということは、内宮磐座が先にあり、そこを拝む形で荒祭宮と正宮とがたてられた可能性があることを意味します。江戸時代には、内宮磐座は、岩の社、あるいは石井神社と呼ばれていました。

内宮に参拝する場合、宇治橋をわたり、そこを右に曲がって正宮をめざすことになります。そのとき、左に曲がると、すぐに神宮司庁があり、さらにその先に進むと内宮磐座があります。宇治橋からは正宮よりも距離としては近くなります。是非、内宮を訪れたときには、内宮磐座にも行ってみてください。

内宮磐座に接してみると、古代の神秘にふれたような気がしてきます。それによって、伊勢神宮に対する印象も大きく変わってくるのではないでしょうか。

このように神社めぐりは、私たちの知的な好奇心を大いに刺激してくれます。わからないこと、謎が多い分、本当はどうなのかと探ってみたくなってきます。そうした謎に対して簡単には答えはでません。一生かけて考えても、答えが見出せないからこそ、それは興味深いことなのかもしれないのです。

神社をめぐり、頭脳を働かせる。からだにも頭にもよい、それが神社めぐりなのです。

第5章 神社をめぐって出会えるもの

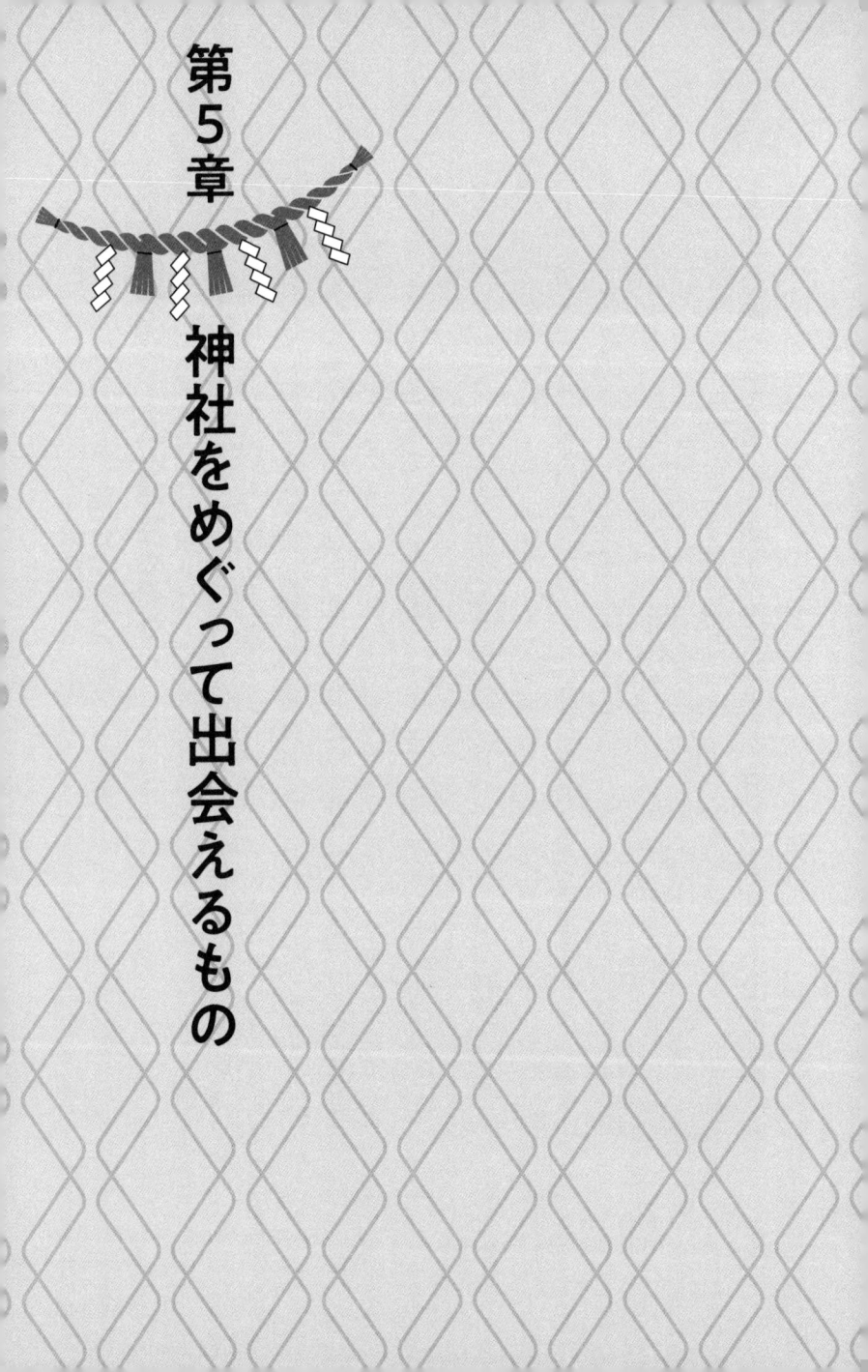

御朱印ブームと神社めぐり

神社を訪れたとき、みなさんは拝殿の前で参拝をされることでしょう。普段なら、並ばずに参拝することができますが、初詣や例大祭のときなどには、長蛇の列ができていることも珍しくありません。1時間、ひょっとしたら2時間かけてようやく参拝できる、そんなこともあります。

行列に並ぶことが好きだという方も少なくありません。逆に、行列はまっぴらだと、人がたくさん並んでいるだけで敬遠される方もおられるでしょう。並ぶか並ばないかは、人それぞれです。

参拝したあとには、御朱印をいただく。今ではそうした人たちが増えました。御朱印を集めることがブームになったのは、21世紀になってからだといわれています。国立国会図書館のサイトで検索してみると、『週刊ダイヤモンド』が「空前の御朱印ブームが到来」という記事を掲載したのが２０１６年4月16日号でのことでした。

御朱印集めは意外と新しい習慣であるようですが、神社めぐりをする人たちが増えることで、「ならば御朱印を集めよう」という方たちが数多く現れるようになったものと考えられます。

御朱印も、最近ではさまざまな形をとるようになってきました。いつも同じ御朱印という神社も少なくありませんが、季節ごとに背景のデザインが変わるところもあります。祭のときだけ、特別の御朱印が授与されるところもあります。

なかには珍しい御朱印もあります。たとえば、ハワイには日系人が多いということもあり、ハワイ出雲大社があります。そこの御朱印は、ローマ字も使われていて珍しいものです。

茅ヶ崎には、サザンオールスターズにちなんだ茅ヶ崎サザン神社があります。正規の神社ではありませんが、桑田佳佑さん公認で、御朱印も用意されています。神社は斜め前にあるお茶屋さんがつくったもので、そこでは「茶山《さざん》」と銘をつけたお茶も売られています。

決してかわったものというわけではありませんが、興味を引かれるのが京都の八坂神社の御朱印です。八坂神社は多くの観光客も訪れる京都随一の人気スポットで、御朱印をいただく方も少なくないでしょう。

ところが、その御朱印には、八坂神社とは記されていません。その代わりに「祇園社」と書かれています。祇園社というのは、八坂神社の明治時代以前の呼び方です。

八坂神社のある地域は祇園と呼ばれ、京都の中心的な繁華街になっています。なぜ祇園なのかといえば、祇園社があったからです。かつての祇園社は、京都の中心部の土地をことごとく寄進されていて、境内は広大でした。

祇園といえば、『平家物語』にある「祇園精舎の鐘の声、諸行無常の響あり」ということばが有名です。祇園精舎とは、インドにあってお釈迦さまが説法を行った場所として知られています。

祇園社はそれにちなむわけですが、なぜ神社の名前に仏教に関係する地名が使われているのかと、疑問を感じられる方もおられるでしょう。それは、明治以前に祇園社の祭神とされていた牛頭天王《ごずてんのう》が、祇園精舎の守護神だからです。

そもそも祇園社は観慶寺というお寺で、そこにたてられた天神堂から発展したものでした。祇園社という御朱印を見ただけでは、そこまでのことはわかりませんが、調べていくと、八坂神社の歴史もわかってきます。頭は使ってみるものです。

鳥居が語る神社の歴史と文化

では、その次にどうするのでしょうか。参拝し、御朱印をいただければそれで終わり。そうした方たちも少なくないでしょう。

しかし、それで終わっては、神社めぐりを十分に堪能したとはいえません。ここまで述べてきたことからもわかるように、神社の境内にはさまざまなものがあります。神社を訪れたなら、境内を隅々まで歩いてみる。それが欠かせません。

社殿で参拝する前に、鳥居をくぐることになります。神社によっては、いくつも鳥居があります。参道に一の鳥居から二の鳥居、さらには三の鳥居がたっている神社もあります。

ではなぜ、神社には鳥居がたっているのでしょうか。

鳥居の起源についてはいろいろな説があります。そうした説を紹介していけば、かなり頁を使うことにもなってしまうので、ここはみなさん、それについてはご自分で調べてみてはいかがでしょうか。

ただ、前の章で神社の成り立ちについて述べたことからもわかるように、鳥居が神聖な境内と一般の社会を隔てる敷居の役割を果たしていることはまちがいありません。そのため、鳥居はそこに神社があることの目印にもなっています。

ところが、お寺にも鳥居がたっていることがあります。代表的なところでは大阪の四天王寺にあります。四天王寺は、法隆寺とならんで聖徳太子ゆかりのお寺であることがはっきりしています。

ただ、戦乱に巻き込まれたり、台風の被害にあったり、さらには戦時中の大阪大空襲でお堂は焼失してしまいました。したがって、現在の建物は鉄筋コンクリート造りになっています。

四天王寺には石の鳥居があります。これは、空襲でも焼け残ったもので、鎌倉時代にたてられたものです。そのため重要文化財にも指定されていますが、これは、明治以前の神仏習合の時代の名残りです。四天王寺の境内には安居《やすい》神社という鎮守社がありました。

東京だと、目黒不動尊に鳥居がたっています。目黒不動尊は瀧泉寺という天台宗のお寺です。

鳥居にはさまざまな種類がありますが、目黒不動尊にたっているのは「山王型」の鳥居です。山王型は、多くの神社に見られる明神造りの鳥居の上に山形の破風《はふ》をとりつけたものです。鳥居にもさまざまな種類があります。

山王というのは、滋賀県にある日吉大社の別名で、日吉大社は比叡山延暦寺の鎮守社になってきました。日吉大社の鳥居が山王型になるわけで、東京では、日吉大社から祭神の大山咋神《オオヤマクイ》を勧請した赤坂の日枝神社に相当に大きな山王型の鳥居がたっています。

目黒不動尊の本堂の裏には、大日如来像がたっていますが、さらにその奥に大行事権現社という小さな社があり、そこにも鳥居がたっています。こちらは、一般的な明神鳥居です。大行事とは、日吉大社の祭神の一つで、現在では日吉大社の摂社である大物忌《おものいみ》神社に大年神として祀られています。

鳥居のことだけでも、いろいろな話が出てきますが、もう一つ鳥居の重要な点は、それが奉納されるものだというところにあります。もちろん、神社の社殿なども氏子によって奉納されます。つまり、氏子がお金を出しあって、それをたてるわけです。

ただ、鳥居は神社のシンボルともなり、大変目立ちますので、氏子の側も、それを奉納するためにかなりの努力をはらいます。いったい誰がそれを奉納したのかは、たいがい鳥居の裏側に記されています。それを見てみると、神社の成り立ちがわかってくることもあります。

鳥居だけでも興味深いものですが、その脇には、「由緒書き」がたてられています。それぞれの神社の由緒、つまりは、どういった祭神が祀られているのか、その神社はどういったいきさつでたてられたのかが説明されているのです。由緒書きは、社殿で参拝する前に読んでおきたいものです。

神社の祭神が何かは、神社の名前からわかることもあります。八幡神社なら八幡神が祀られていますし、天神や天満宮なら、菅原道真公が祭神です。

しかし、神社の名前から必ず祭神がわかるわけではありません。赤坂日枝神社だと、大山咋神が祭神ですが、そのことは神社名からはわかりません。

さらに、神社では「相殿」という形で、ほかの神々が祀られていることがあります。赤坂日枝神社でも、相殿として国常立尊《クニノトコタチノミコト》、伊弉冉神《イザナミノカミ》、足仲彦尊《タラシナカツヒコノミコト》が祀られています。

そうしたことは、由緒書きを読んでみないとわかりません。社殿の前まで行っても、そこにどういった神が、あるいは神々が祀られているのか、わからないことが多いのです。

もちろん、祭神のことがわからなくても、参拝はできます。でも、それでは相手の御宅の名前を知らないまま訪問するようなものです。是非とも由緒書きを読み、ここにはこうした神が祀られていると知った上で参拝する方が、神社自体に対する興味も深まっていくことでしょう。

さあ、境内を歩いてみよう

鳥居をくぐり、由緒書きを読み、参拝をすませ、御朱印をいただいたとしたら、次には、境内を歩いてみることにしましょう。境内には、摂社や末社が鎮座していることが一般的です。小規模な神社でも、何らかの小さな社が祀られていることが珍しくありません。

摂社や末社として最も多いものが、稲荷社です。稲荷社は赤い鳥居がシンボルになっているので、すぐに稲荷社とわかります。稲荷社で祀られる稲荷神は、もともとは稲作の神、農耕神でしたが、漁村では豊漁の神にもなっていますし、都会では商売繁盛の神としても信仰されてきました。

赤坂日枝神社だと、山王稲荷神社があり、それ専用の稲荷参道さえあります。この稲荷社は、赤坂日枝神社が創建されたときからのものとされています。

なかには、一つの神社にいくつもの稲荷社が祀られていることがあります。とくに多いのが、赤坂日枝神社と同様に赤坂にある氷川神社の場合です。末社として四合稲荷、西行稲荷、桶新稲荷、山口稲荷が祀られています。いずれも、氷川神社の近くに祀られていた稲荷社が、何らかの都合で神社の境内に遷されてきたもので、四合稲荷になると、それ自体が４つの稲荷社を合祀したものです。

いったんたてられた神社は、そう簡単には消滅しないものです。屋敷神としてたてられた小さな社が、建物の方はなくなってしまったのに、そのまま住宅街に残されているような事例もよく見かけます。

神社に合祀された稲荷社も、もともとは屋敷神として、あるいは地域の氏神として祀られたものが、土地を売ったり、管理する人がいなくなったりしたことで、地域にあるより規模の大きな神社にもちこまれたのでしょう。その点では、摂社や末社を見ていくことで、地域の変遷、その歴史を知ることができます。

そうした事情については、自治体で発行している「地方史」の本に書かれています。

それぞれの地域には郷土史家と呼ばれる人たちがいて、地域の歴史について調べ上げているのです。神社の境内に、それをもとにした掲示が出ていることもあります。とくに自分が住んでいる地元の神社であれば、地方史はより興味のあるものに感じられてくることでしょう。

摂社末社が多いことで、印象に残っているのが京都の北野天満宮です。北野天満宮は、太宰府に事実上流罪になった菅原道真公が、失意のうちに太宰府で亡くなったあと、祟りを引き起こしたということで天神として祀られた神社で、全国にある天満宮、天神の総本社とされています。

その境内には、実に多くの摂社や末社が鎮座しています。独立したものもありますが、4社、7社、8社、12社という形で長屋形式に祀られているものもあり、その数は全部で51社にも及んでいます。

それぞれ複数の祭神が祀られていることも少なくありませんし、同じ祭神が別の摂社や末社に祀られていることもあります。そのため、北野天満宮を訪れるだけで、多くのご利益を期待できるようになっています。

勧請ということばはこれまでも使ってきましたが、それは、祭神を別の神社に遷すことを意味します。一つの神が分霊されることで勧請が可能になります。

たとえば、八幡神だと、九州の宇佐神宮からはじまりますが、それが京都の石清水八幡宮に勧請され、さらには鎌倉の鶴岡八幡宮に勧請されました。そして、それぞれの八幡宮から全国に勧請され、多くの八幡神社が誕生することになったのです。

北野天満宮でも、そこだけで多くの祭神に参拝できるわけですが、もっとすごいところがあります。それが同じ京都にある吉田神社です。

吉田神社と春日大社の深い関係

吉田神社は、京都大学のすぐ東側にあります。京都大学への合格祈願に吉田神社に参拝すると、必ず合格するという話もありますし、反対に不合格になるという話もあります。合格不合格は時の運という側面もありますから、本当のところ、参拝すると合格する、あるいは不合格になるわけではありません。

吉田神社は、標高１０５メートルの吉田山にあり、神社の名称はそれに由来します。

吉田神社の祭神は建御賀豆智命《タケミカヅチノミコト》、伊波比主命《イワイヌシノミコト》、天之子八根命《アメノコヤネノミコト》、比売神《ヒメガミ》となっています。

漢字だけを見ているとあまり聞いたことのない祭神かもしれません。

ところが、建御賀豆智命は「たけみかづちのみこと」と読み、それは武甕槌命《タケミカヅチノミコト》のことを意味します。この神は、茨城の鹿島神宮の祭神ですが、奈良の春日大社の祭神でもあります。

伊波比主命も、「いわいぬしのみこと」と読まれますが、実は、千葉の香取神宮の祭神で、春日大社の祭神でもある経津主命のことを意味しています。

天之子八根命も「あめのこやねのみこと」で、大阪の枚岡神社の祭神である天児屋根《アメノコヤネノ》命《ミコト》のことで、やはり春日大社の祭神です。比売神は、祭神の妻を意味しますが、春日大社では、天児屋根命とともに祀られています。さらに若宮には、天押雲根命《アメノオシクモネノミコト》が祀られています。

要するに、吉田神社の祭神は、天押雲根命を除くと、春日大社の祭神と同じなのです。

春日大社は、平城京遷都が行われた和銅3（710）年に、藤原氏の始祖になる藤原鎌足の次男、藤原不比等が祀りはじめたもので、その時点では、武甕槌命だけが祭神でした。のちに、経津主命《フツヌシノカミノミコト》や天児屋根命を勧請したと伝えられています。そうした経緯からわかるように、春日大社は藤原氏の氏神なのです。

桓武天皇の時代に平安京遷都が行われ、そこが長く都になると、平城京にいた貴族たちは、豪族とも呼ばれますが、平安京に移っていきました。

平安京遷都が行われる前、いったんは長岡京が誕生しました。長岡京はすぐに放棄されてしまうのですが、その地には、藤原氏の氏神として大原野神社が創建されました。大原野神社には、奈良の猿沢池を模した鯉沢池があり、そこに睡蓮が咲いたときには、フランスの画家、モネの「睡蓮の池」と同じような光景がくり広げられます。モネの絵のように、池に橋が架かっているからです。私も訪れましたが、とても美しい光景に接することができます。

大原野神社を創建したのは、藤原良継の娘で、桓武天皇の皇后となった乙牟漏《おとむろ》でした。藤原氏は、不比等の4人の息子たちが、それぞれ南家、北家、式家、京家という家をはじめますが、良継は式家の祖となった藤原宇合の次男で、内大臣にまで昇進しました。内大臣は、左大臣、右大臣に次ぐ地位ですから、今でいえば、内閣の主要閣僚になります。

それだけ高い地位にあったからこそ、良継は娘を皇后として入内させることができたわけですが、大原野神社が創建されてからは、天皇や皇后が行幸啓《ぎょうこうけい》をくり返すことになりました。『源氏物語』にも、冷泉天皇が大原野神社に行幸したときの様子が描かれていますが、その光景は、一条天皇の中宮となった藤原彰子の行啓をモデルにしているといわれます。

大原野神社は最初から藤原氏ゆかりの重要な神社になっていたのです。

それと比較したとき、吉田神社が創建された事情はまるで違います。創建したのは藤原山蔭という人物でした。藤原北家の魚名《うおな》流に属してはいましたが、地位はけっして高いものではなく、最終的な官位は従三位中納言兼民部卿でした。中納言だと、内閣の大臣ではなく、副大臣あるいは政務官にあたります。少なくとも山蔭は、藤原氏の中心人物ではありませんでした。

山蔭の屋敷は、京都大学の吉田南構内にあり、吉田山のすぐ近くにあったようです。ということは、吉田神社は最初、山蔭の家の屋敷神として祀られたものだったと考えられます。その点で藤原氏全体のものではなかったのです。

ところが、山蔭の子孫は思わぬ出世を果たしていくことになりました。山蔭の七男に藤原中正がいました。中正も父親以上に出世できなかったのですが、妻である巌子とのあいだに時姫が生まれます。

時姫が嫁いだのが、摂政関白を歴任し、太政大臣にまでなった藤原兼家でした。時姫は、兼家の正室となり、藤原道隆、道兼、道長を生みました。娘の方も、やがて三条天皇や一条天皇の母となっていきます。山蔭の子孫は、権力の中心を担うことになったのです。

これによって、吉田神社は山蔭の家の屋敷神から脱し、藤原氏全体の氏神として、その地位を高めていくことになります。京都にあったことが大きかったのでしょう。吉田神社の祭である吉田祭は、朝廷が幣帛《へいはく》を捧げる官祭となり、一条天皇なども行幸するようになりました。吉田神社は、神社として大出世をとげたのです。

これは、神社としてはあまりないことです。神社には神階というものが与えられました。その一番上は、人物の場合と同じく正一位です。よく稲荷神社に正一位というのぼりがたっているのも、伏見稲荷大社が正一位に昇格したからですが、吉田神社も正一位までのぼりつめました。

何より重要なことは、吉田神社に「吉田神道」と呼ばれる神道の流派が生まれたことです。神道には、もともと教えがないわけですから、それは仏教の影響です。吉田神道以外にも、伊勢神宮の伊勢神道、天台宗の山王神道、真言宗の両部神道などが生まれました。

吉田神道は、祭り事を司る卜部氏の系統に属する吉田兼倶という人物が室町時代に創始したもので、やがては、吉田家が神社界全体の総元締めの役割を果たすようになっていきます。江戸時代には、徳川幕府から許可を得て、神職の身分を与える神道裁許状を発行する権限を与えられました。それによって、神社の世界で絶大な力を発揮するようになっていきました。

兼倶は吉田神道の創始者で、それを発展させることに大きく貢献したわけですから、なかなかの戦略家でもありました。

現在の吉田神社には、「斎場所《さいじょうしょ》大元宮《だいげんぐう》」という珍しい建物があります。珍しいというのは、八角形の建物になっているからです。ほかの神社には見られないものです。

これはもともと吉田家の屋敷で祀られていた斎場所を移したもので、土御門天皇からは、「日本国中三千余座、天神地祇八百万神《あまつかみくにつかみやおよろづのかみ》」という勅額を下賜されました。そして兼倶は、延徳元（１４８９）年11月には、伊勢神宮の神器が斎場所に降りたと天皇に奏上し、それが事実であることを天皇に認めさせてしまったのです。

南北朝時代になると、伊勢神宮の祭神が各地に飛来する「飛神明」という出来事が起こるようになっていました。神明とは天照大神のことで、そこには相次いだ戦乱の影響がありました。しかも、文明18（1486）年には、伊勢神宮の外宮が放火され、ご神体が行方不明になるという出来事も起こりました。

兼倶は、これを好機ととらえ、斎場所に天照大神を加えることに成功しました。ですから、斎場所大元宮には、天照大神をはじめとして日本中のあらゆる神々が祀られています。そこを参拝すれば、八百万の神々すべてを拝むことができるのです。

ただし、斎場所大元宮は通常は非公開です。参拝できるのは正月の三が日、節分、そして毎月の1日だけです。吉田神道は、仏教の密教の影響も受けているので、秘仏と同じ発想なのかもしれません。日を選べば、斎場所大元宮におもむくだけで、日本中のあらゆる神々を一度に拝むことができるのです。兼倶はすごいものをたてたものです。

明治に時代が変わると、吉田家が神道裁許状を発行することはできなくなり、その権威は大きく失われてしまいます。斎場所大元宮も、それまでは吉田神社の中心でしたが、末社という形で格下げされてしまいました。

しかし、神社の歴史を考える上では、吉田家や吉田兼倶の影響力は相当なものです。神社の世界は、明治以前、今とはまったく異なる姿をとっていたのです。

出雲大社と出雲大神宮の謎

日本中の神々が一堂に会するということでは、「神無月」がよく知られています。神無月は旧暦の10月の別名ですが、この月には縁結びの相談をするために全国の神々が出雲大社にすべて集まってくるというのです。出雲からすれば、「神在月」になります。

神無月については、平安時代の史料にも記されていますので、すでにその時代にはいわれていたことになります。出雲大社の信仰を広める御師が唱えるようになったともいわれますが、神無月の語源についてはほかの説もあります。神々が出雲に集まってしまえば、ほかの地域の神社には神がいないことになってしまいますから、参拝しても意味がないということにもなってしまいます。

神の姿は目に見えませんから、本当に出雲大社に集まっているのかどうか、それをたしかめることはできません。

ただ、出雲大社では、毎年旧暦の10月10日に、社殿から西1キロメートルのところにある伊佐の浜で、神々を迎えるための神迎神事を営んでいます。そして、旧暦同月17日には、神等去出祭《からさでさい》を営み、神々を送ります。ですから、滞在は1週間ほどということになります。そんなときに出雲大社を訪れてみると、本当に神々が出雲に集まってきているような感覚になるかもしれません。

神社の場合に面白いのは、それぞれの神社が言っていることと、ほかの神社が言っていることが食い違う場合があることです。

お寺の場合には、浄土真宗や真言宗といった宗派があって、お互いに関係がありますから、あまりそうしたことは起こらないのですが、神社にはそうしたことがけっこうあります。

京都の亀岡の出雲大神宮については第1章でとりあげました。ここは、現在では出雲大神宮ですが、その名前になったのは戦後のことで、それ以前は出雲神社と呼ばれていました。

出雲といえば出雲大社です。一般には、出雲大神宮は出雲大社から勧請したものだとされています。吉田兼好が鎌倉時代の末期に書いた『徒然草』にも、「丹波に出雲といふ所あり、大社をうつして、めでたく造れ」とあります。丹波の国にある出雲神社は、出雲大社から神霊を遷して、立派につくられたものだというのです。

神々の国と呼ばれる出雲の象徴といえる出雲大社

ところが、出雲大神宮の側は、神霊を勧請したのは出雲大社の方で、自分たちの神社の方がもとだとしています。たしかに、出雲大社は、明治になるまで杵築大社と呼ばれていました。

出雲大神宮では、その根拠として「元明天皇和銅年中、大国主神御一柱のみを島根の杵築の地に遷す」という『丹波国風土記』逸文をあげています。風土記の場合、全文が残っている国は少なく、逸文というのは一部がほかの文書に引用されて残っているもののことです。ただ、この逸文を引用しているのは出雲大神宮だけです。

そんなことがあるからといって出雲大神宮と出雲大社の関係がよくないというわけ

ではありません。むしろ関係は密接です。戦前の出雲大神宮には、国幣中社の社格を与えられていましたが、一之鳥居の右手前にたつ「国幣中社　出雲神社」の社名碑は、かつての出雲大社の国造《こくそう》、千家尊福《せんげたかとみ》の手によるものです、また、千年宮鳥居の左手前にたつ「出雲大神宮」の社名碑に揮毫《きごう》したのは現在の出雲大社の国造です。

二十二社と朝廷の信仰～神々への祈りと願い～

第1章では、論社のことにふれました。平安時代につくられた「延喜式神名帳」に含まれる神社は、式内社、式社という形で由緒のある神社として高く評価されているわけですが、時代が経つにつれて、それがどの神社をさすかわからなくなっている場合があります。それが論社です。こうした論社がどこなのかを探ってみるのもなかなか興味深いところです。

たとえば、「延喜式神名帳」で、武蔵国都筑郡に杉山神社があるとされています。現在の横浜市には都筑区がありますが、都筑郡の方は、それよりも広い範囲をさしていて、川崎市の麻生区の一部も含まれていました。

この地域には、現在、多くの杉山神社が鎮座しています。なかには昔、杉山神社を名乗っていて別の名に変えたところもあり、その総数は50社におよびます。有力なところは、大棚・中川杉山神社、茅ヶ崎杉山神社、西八朔杉山神社、新吉田杉山神社の4社です。大棚・中川杉山神社には、「式内　本宮　杉山神社」という石碑までたっています。

どこが本当の杉山神社なのか、すでにその謎に挑んでいる人たちもいて、戸倉英太郎という著名な郷土史家は、『杉山神社考』（緑区郷土史研究会）という本まで刊行しています。戸倉説は茅ヶ崎杉山神社のようですが、その境内には戸倉の歌碑がたっています。

こうしたことは、各地の論社で行われています。

中世の時代には、災害や疫病が起こったときに、朝廷が平安京の周辺にある神社に幣帛を捧げる慣習がありました。この時代には、災害や疫病が起こっても、有効な対策を施すことが難しかったわけで、神仏の力に頼るしかなかったともいえます。逆に、神や仏なら窮状を救ってくれるという強い期待があったことも事実です。

その際に対象となったのが、「二十二社」と呼ばれる神社でした。これは、伊勢神宮を筆頭とするものですが、上七社、中七社、下八社にわかれていて、それをすべてあげれば、次のようになります。

伊勢神宮を筆頭とする二十二社

【上七社】

・伊勢神宮　三重県伊勢市
・石清水八幡宮　京都府八幡市
・賀茂別雷神社（上賀茂神社）京都府京都市北区／賀茂御祖神社（下鴨神社）京都府京都市左京区
・松尾大社　京都府京都市西京区
・平野神社　京都府京都市北区
・伏見稲荷大社　京都府京都市伏見区
・春日大社　奈良県奈良市

【中七社】

・大原野神社　京都府京都市西京区
・大神神社　奈良県桜井市

・石上神宮　奈良県天理市
・大和神社　奈良県天理市
・廣瀬大社　奈良県北葛城郡河合町
・龍田大社　奈良県生駒郡三郷町
・住吉大社　大阪府大阪市住吉区

【下八社】

・日吉大社　滋賀県大津市
・梅宮大社　京都府京都市右京区
・吉田神社　京都府京都市左京区
・廣田神社　兵庫県西宮市
・八坂神社　京都府京都市東山区
・北野天満宮　京都府京都市上京区
・丹生《にう》川上神社　奈良県吉野郡
・貴船神社　京都府京都市左京区

謎解きの楽しさ

ここまでの話のなかに出てきた有名な神社が多く含まれていることがわかりますが、ほとんどが、京都、奈良、大阪の「畿内」にあるものです。畿外にあるのは、伊勢神宮と日吉大社だけです。

どれも有名な神社ですから、所在がわからなくなることは考えにくいはずです。ところが、丹生川上神社の場合には、奈良県吉野郡の山のなかにあるため、所在がわからなくなってしまいました。現在では、丹生川上神社を名乗る神社が3社あり、上社、中社、下社と呼ばれています。本来の丹生川上神社は、このうちの一つのはずなのです。

丹生川上神社は式社でもありますが、「延喜式神名帳」では、ただ「大和国吉野郡丹生川上神社」とあるだけで、詳しい場所は記されていません。そのため、どこが本来の丹生川上神社であるのかがわからなくなってしまったのです。

丹生川上神社は、二十二社のなかでもかなり重要なものでした。というのも、そこでは雨を司る神が祀られているからです。罔象女神《ミズハノメノカミ》です。吉野郡は、奈良県南部の広大な地域を占めていて、山のなかにあり、降水量が多い地域として知られています。年間の降水量が2000ミリを超えるところもあります。ちなみに東京の年平均降水量は1528・8ミリです。

だからこそ、丹生川上神社には水の神が祀られ、朝廷は、日照りが起こったときの雨乞いに、京都の貴船神社とともにそこに頻繁に幣帛を捧げました。雨乞いの際には、黒い馬を奉納することが習わしになっていましたが、反対に、雨を止ませようとするときには白い馬が奉納されました。

では、どこが本来の丹生川上神社なのでしょうか。

伊勢神宮の外宮では、渡会氏《わたらいうじ》が長く神職をつとめていましたが、江戸時代に、権禰宜《ごんねぎ》であった度会延賢《のぶよし》という人物が、二十二社をまわって、『二十二社参拝記』というものを書いています。丹生川上神社について、延賢は上社だけを訪れています。延賢は、上社こそが本来のものと考えていたわけです。

どこが本来の丹生川上神社なのかを検討する試みは明治時代からはじまります。下社の少宮司などは、下社はそれに該当せず、上社だと主張していました。そうなると、上社が有力であるように思えてきます。

ところが、春日大社の宮司をつとめたこともある森口奈良吉という人物は、『丹生川上神社考』という本を出版し、詳細に検討した結果、中社こそが本来の丹生川上神社であると主張しました。その後は、この説が正しいと考えられるようになっています。

私も実際に現地を訪れ、三つの神社を訪れてみました。一つ残念なのは、上社はダムがつくられたことで水没してしまい、高台に遷ってしまったことです。

その点では、現在の時点で、どこが本来の丹生川上神社かを見定めることが難しくなってもいるのですが、中社に大きな特徴があるのも事実です。

今は、三つの神社とも立派な社殿がたっていますが、中世にはそうした状況はなかったはずです。社殿があったとしても、小祠がたっているだけだったのではないでしょうか。当時、丹生川上神社を管理していたのは、こちらも二十二社に含まれる奈良県天理市の大和神社でした。大和神社は戦艦大和ゆかりの神社で、境内にはそれを示す石碑がたっています。

大和神社の神職が、朝廷からの勅使を丹生川上神社まで案内したようですが、この神社はかなりの山奥にあります。現代であれば、車で行くことができます。道も整備されているので、容易にたどり着くことができます。

中世の時代には、山のなかを歩いていかなければなりません。しかも、地図などない時代です。場所については言い伝えがあり、大和神社の神職は何度もそこを訪れていたのかもしれません。それでも丹生川上神社にたどり着くのは容易なことではなかったのではないでしょうか。

その疑問は、実際に訪れてみて解消しました。神社には川に沿っていくことになりますが、神社のあるところには、今は「東の滝」と呼ばれる滝があります。そこが目印になっていたはずです。

しかも、滝の前の川の部分は「夢淵」と呼ばれているくらいで、水が澄んでいて美しい場所になっています。だからこそそこに水の神が祀られていたものと考えられます。

私は、夢淵を見ながら、中世の時代に思いをはせました。

「おお、ここがそうですか」

勅使は、案内してくれた大和神社の神職に、そのように語りかけたかもしれません。

そして、その労をねんごろにねぎらい、水の神に丁重に供物をささげたことでしょう。

滝自体がご神体と考えられていたかもしれません。

私は、『二十二社』（幻冬舎新書）という本を書いていて、書くにあたっては二十二社すべてをめぐりました。第2章の終わりの部分で達成感の大きい神社めぐりがあると述べましたが、二十二社めぐりこそそれです。そのなかでも、丹生川上神社を訪れたことは忘れられない体験になりました。みなさんも一度は丹生川上神社を訪れてみてはいかがでしょうか。行くのなら、上社、中社、下社の三社すべてを訪れるのがよいと思います。車で行くしかありませんが、バスツアーもあります。

品川神社の双龍鳥居と富士塚

東京にある神社のなかにも、どちらが本来の神社なのか、はっきりしないところがあります。それが、東京十社に含まれる品川神社です。品川神社は、京浜急行の新馬場駅近くにあります。神社は、駅とは第一京浜を隔ててむかい側にあります。

品川といえば、江戸時代には東海道の最初の宿場町である品川宿があり、旅籠屋や茶屋がたちならんでいました。「北の吉原、南の品川」といった形で遊郭ももうけられていました。

品川神社の祭神は、天比理乃咩命《アメノヒリノメノミコト》、素盞嗚尊《スサノオノミコト》、宇賀之売命《ウガノメノミコト》の三柱の神々です。天比理乃咩命は、記紀神話（『古事記』、『日本書紀』の両書に載せられた神話の総称）には登場しない神ですが、千葉県館山市にあって安房国一宮となっている洲崎神社の祭神です。なぜそれが品川神社の祭神になったのか、詳しいことはわかりませんが、社伝では、後鳥羽天皇時代の文治３（１１８５）年、源頼朝が洲崎神社から勧請したとされています。ただ、重要なのは素盞嗚尊の方かもしれません。素盞嗚尊は、天照大神の弟で、現在では京都の八坂神社の祭神になっています。そして、明治以前には、牛頭天王であるとされていました。

ですから、品川神社の場合も、以前は「北の天王社」と呼ばれていました。北のとあるわけで、品川には「南の天王社」もあります。それが、自分のところこそが東京十社だと主張している荏原神社で、品川神社とは新馬場駅の反対側に位置しています。品川神社の例大祭は北の天王祭と呼ばれ、荏原神社の例大祭は南の天王祭と呼ばれています。

荏原神社の祭神は三座にわかれていて、中央が高龗神《タカオカミノカミ》、右座が豊受姫之神《トヨウケビメノカミ》、天照皇大神、須佐男之尊、左座が手力雄之尊《タヂカラオノカミノミコト》になっています。注目されるのは高龗神で、これは丹生川上神社の祭神と同じです。荏原神社の社伝によると、元明天皇の時代、和銅２（７０９）年９月９日に、丹生川上神社から高龗神を勧請したとされています。この時代には、まだ二十二社の制度はありませんから、関東の人間が丹生川上神社の存在を認識してはいなかったでしょう。そこに謎があります。

以前には、品川神社と荏原神社は一体の関係にあったようで、どちらが東京十社のもとになった準勅祭社なのかは判断が難しいところです。これについて、いろいろと調べてみると面白いことがわかるかもしれません。

品川神社のことにふれたので、そこにある興味深いものについて紹介しましょう。

一つは神社の入口にたつ鳥居で、「双龍鳥居」と呼ばれています。それは、左側に昇り竜の彫刻が、右側に降り龍の彫刻がほどこされています。これは珍しいものです。

もう一つ、境内には阿那稲荷神社があって、上社と下社にわかれていますが、下社には「一粒萬倍の泉」があって、銭洗いができるようになっています。

しかし、何より興味深いのが富士塚です。富士塚は、富士山を模したもので、小高い山になっているものもありますし、富士山から溶岩をもってきて、それで築いたりしたものもあります。

江戸時代には、一般の庶民のあいだで富士山に対する信仰がもりあがりをみせ、富士山に実際にのぼる人たちも多くあらわれました。

その際には、富士山の周辺で生まれた村山修験の山伏が御師《おし》として先導し、のぼる人たちは麓にある御師住宅に宿泊しました。富士吉田市には御師住宅が残っていて、今でも、そこに宿泊して富士山をめざす人たちもいます。何度ものぼれば、それだけ功徳があると考えられていました。

しかし、富士山にのぼるのは大変なことです。今は交通が発達していますが、江戸時代には徒歩で行くしかありませんでした。そこで、江戸やその周辺に富士塚がつくられ、そこにのぼれば、富士山にのぼったのと同じ功徳が得られると宣伝されるようになったのです。

品川神社の富士塚は明治２（１８６９）年から5年にかけて築造されました。富士山から溶岩をはこんできた本格的なもので、高さは15メートルあります。奈良の大仏と同じ高さです。

しかも、一合目から九合目まで道標がたっています。毎年、７月１日には山開きも行われます。これほど本格的な富士塚は、ほかにはないかもしれません。

富士塚の多くは東京都にありますが、埼玉県や千葉県、神奈川県にもあります。ただ、それ以外の地域にはありませんから、東京を訪れたときにのぼってみるのがよいでしょう。たいがいは、富士山の信仰である浅間神社にあります。

神社は、神を祀る場ではありますが、一つの神を祀ると決まっているわけではなく、祀る側の意思によって、さまざまな神々が祀られていきます。また、神に奉納するために鳥居や狛犬など、多様なものがつくられてきました。ですから、時代を経るにつれて、境内には多様なものが出現することになります。

人々は、身分を問わず、そうした行為に情熱を傾けてきました。稲荷山のお塚や鳥居などがその代表ですが、春日大社などでは、灯籠の奉納がさかんに行われ、境内には多くの石灯籠が建立されています。現在でも新たに石灯籠がたてられています。

神社をめぐるということは、そうした信仰上の情熱に接することでもあります。神社の社殿の場合にも、それを新造したり修理したりするにはかなりの費用が必要です。新たにたてるとなれば、億単位のお金がかかります。それを負担してまで、人々は神を祀る場を求めてきたのです。それを知ることも、神社めぐりをする重要な意義になるのではないでしょうか。

日本人は、自分たちのことを無宗教であると称することが多いのですが、決して信仰に熱心でないというわけではありません。信仰に関心をもたなければ、今ほど多くの神社やお寺が日本に残っていることはなかったでしょう。

最近では、神社めぐりをする外国の方も相当に増えていますが、日本人はなんと信仰に熱心なのかと思われるのではないでしょうか。神社めぐりは、日本社会の別の面を海外の人に示す役割も果たしているのです。

第6章

ご利益が絶大な神社めぐり

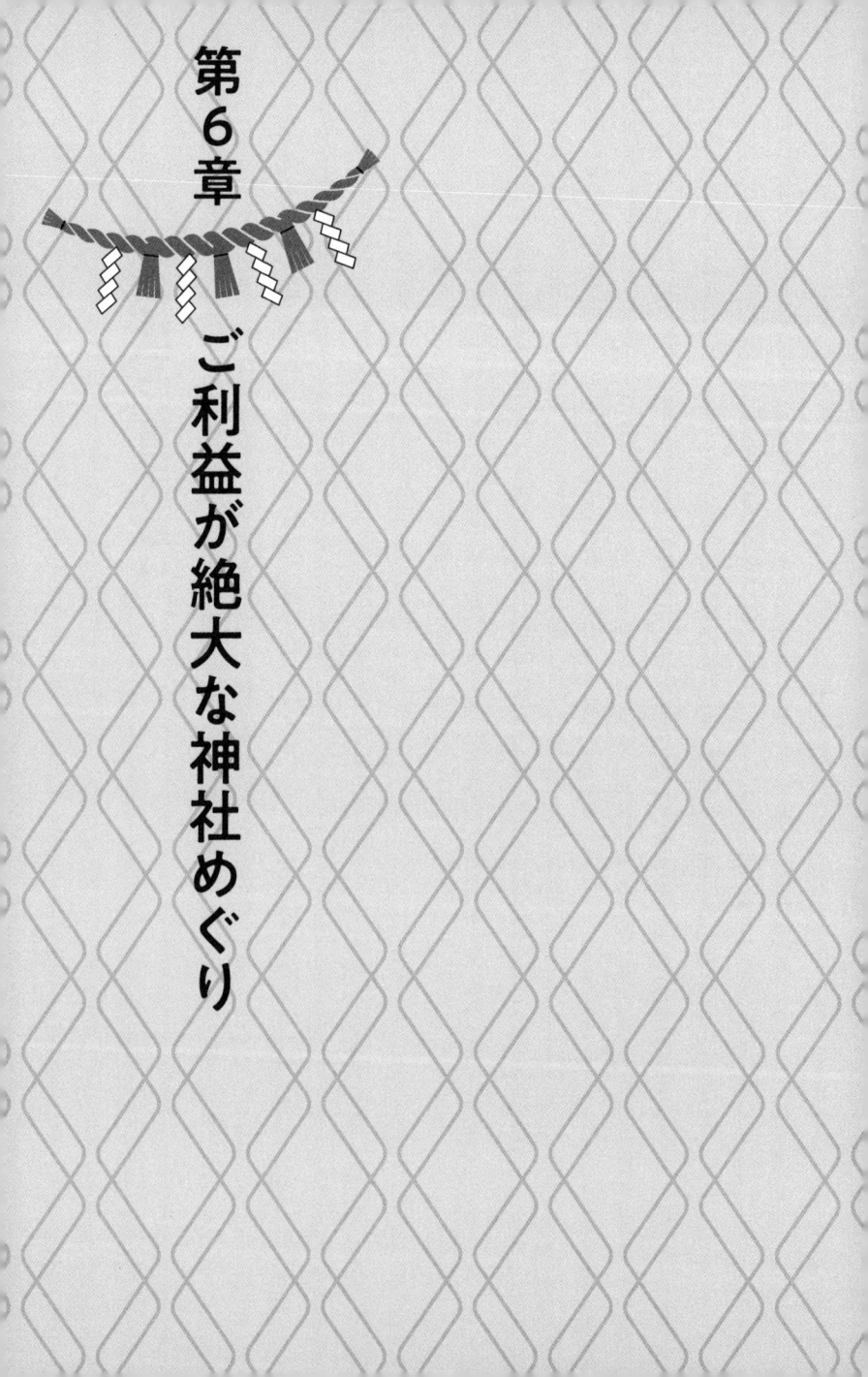

大仏建立と国家の願い

多くの人たちが神社めぐりをするのは、ご利益を期待してということもあるでしょう。「利益」ということばは、一般には儲けのことをさします。その場合には、「りえき」と読みます。しかし、利益はもともと仏教のことばで、仏や菩薩が与えてくれる恵みを意味しています。その際には、「りやく」と読まれるので、ご利益は「ごりやく」と読みます。

古代の社会においては、神だけではなく仏も含めてのことですが、神仏のご利益を求めたのは、朝廷や豪族・貴族といった支配階級でした。そうした人々は、日本の国が安泰であるようにと、神社やお寺、あるいは仏像をつくり、それに祈願してきたのです。

その代表となるのが、東大寺の大仏です。大仏建立を行ったのは聖武天皇です。聖武天皇は、妻である光明皇后とともに仏教をあつく信仰し、そこから大仏を建立することを考えるようになりました。大仏は毘盧遮那仏《びるしゃなぶつ》で、世界全体を明るく照らし出す尊い仏になるのですが、それが日本の国の中心に鎮座しているのであれば、安定した平和で豊かな社会が実現すると信じられたのです。

このように、当初の段階のご利益は国にかかわることでした。大仏建立も、国家の事業として行われました。大仏が完成すると大仏開眼会《かいげんえ》が開かれましたが、これなど、現代でいえば、オリンピックや万博に匹敵する大イベントでした。

いかに日本の国が大仏建立に力を入れたかは、開眼会で用いられた品々を見ればわかります。それらは、東大寺の正倉院に残されています。毎年10月から11月にかけては奈良国立博物館で「正倉院展」が開かれますが、そこに出品される品々はどれも飛び抜けて豪華で、現在ではつくれないほど高度な技術が用いられています。

その後も、大仏が国を護《まも》ってくれるという信仰は受け継がれていきました。平安時代の末期に、東大寺が焼き討ちにあい、その結果、大仏が損傷してしまったあと、新たに武家政権を立ち上げた源頼朝が、何より大仏再建に力を入れたところに、それが示されています。

しかし、時代が進んでいくと、ご利益のあり方にも変化が生まれます。それぞれの個人が、神仏に祈り、ご利益を求めるようになっていったのです。その典型が浄土教信仰です。亡くなったあと、極楽浄土に生まれ変わりたい、そうした信仰が生まれ、とくに貴族や武家がそれを強く願うようになったのです。浄土教信仰では国家のことは問題になりません。

やがて江戸時代になると、一般の庶民も神仏によるご利益を期待して、熱心に信仰活動を展開するようになっていきます。戦国時代には戦乱が続きましたが、徳川幕府が成立することで、それに終わりが訪れ、社会が安定することで、経済も発展し、庶民もその恩恵を被ることができるようになったからです。

銭洗い信仰の起源と広がり

よく「苦しいときの神頼み」ということがいわれます。人は苦難に陥ったとき、信仰に活路を見出そうとするというわけです。

しかし、本当に苦しく、前途に希望を見出せないときには、人は神頼みを行ったりはしません。前途に少しでも希望があり、今の状況が変わっていくことが期待できるときにこそ、熱心に神頼みをするのです。

ですから、新しい宗教がおこり、それが多くの信者を集めるようになるのは経済が発展しているときです。日本の戦後社会において、創価学会などの新宗教が急成長したのも、あるいはお隣の韓国でキリスト教徒が急増したのも、急激な経済成長が起こった時期でした。日本の宗教団体の信者数が、既成教団も新宗教もともに、バブル経済の時代に頂点を迎え、その後減少し続けてきたのも、経済がふるわなくなったことが影響しています。

バブル経済の時代、神社に初詣に行くと、お賽銭として一万円札が多く混じっている光景に接しました。今では、そうしたことも少なくなっています。景気がいいと、さらなるご利益を期待して、多額のお賽銭を出す人があらわれるのです。

そうした景気のいい話はなくなってきても、なんとか金儲けのご利益がないものかと、神頼みをする人は後を絶ちません。

そうした人たちの期待に答えてくれる代表が、これまでも少しふれてきましたが、「銭洗い弁天」でしょう。有名なところでは、鎌倉や江の島にあります。

鎌倉にあるのが、銭洗弁財天宇賀福神社です。境内には洞窟があり、その清水でお金を洗うことによって、金運上昇のご利益が得られるとされています。お金はたくさんの人の手を通って自分に回ってくるので、どうしても汚れてしまっています。その汚れているものを浄めることによってご利益を期待するというのが、銭洗いの考え方です。水で浄めたお金は何倍にもなるというのです。

銭洗弁財天宇賀福神社の創建は、源頼朝がある日見た夢に導かれ、この場所に湧く霊水を見つけたことにはじまります。頼朝は、そこに宇賀福神弁財天を祀ったのです。その後、北条時頼が家の繁栄を願ってこの霊水で銭を洗ったのが、銭洗いの風習のはじまりとのことです。頼朝が夢を見たのは、巳の年、巳の日、巳の刻で、時頼が銭洗いをしたのも巳の年であったことから、巳の日には多くの参拝者が訪れるようになりました。私も巳の年の生まれですから、そのご利益にあずかりたいものです。

江の島の場合、日本三大弁財天の一つとされる裸弁財天・妙音弁財天が祀られている江島神社に、銭洗いをするための「白龍池」があります。池には白龍王が鎮座していて、白龍王が授けてくれる清水でお金を洗うと、福が舞い込むというのです。

龍は架空の生き物ですが、龍神は全国各地で水の神、あるいは海の神として祀られ、多くのご利益をもたらしてくれるとされてきました。

松下電器産業、今のパナソニックの創業者である松下幸之助は、あつい信仰をもっていた実業家として知られています。たとえば、浅草の浅草寺《せんそうじ》にある雷門は、たびたび火災にあい、焼失をくり返してきました。現在の雷門は、昭和35（1960）年に、幸之助が個人で寄進したものです。吊るされた提灯の裏側の銘板には、その名が記されています。

注目されるのは提灯の底の部分で、そこには龍神が彫刻されています。浅草寺に隣接する浅草神社には、浅草寺の本尊である観音像を隅田川で拾い上げた漁師の兄弟が祭神として祀られていますが、その際には、龍神が金鱗を輝かせてあらわれたと伝えられています。

それで、龍神の彫刻が施されているわけですが、幸之助自身にも龍神信仰がありました。幸之助の家では白龍大明神を祀っていて、それは松下電器の本社工場でも同じでした。さらに、各地の分社や工場でも色の異なる龍神が祀られました。

日本三大金運神社をめぐる

金運が上昇するということで、最近、多くの参拝者を集めるようになったのが、京都の二条城の近くにある御金神社です。「おかねじんじゃ」と読んでしまいそうですが、「みかねじんじゃ」が正しい呼び方です。

御金神社の祭神は、『古事記』に登場する金山彦命で、イザナギとイザナミのあいだに生まれました。金山彦命は鉱山や鉱物、あるいは金属の神になります。金属ということから、大型の工具や印刷機、工場の機械というものに幅広くご利益を授けるとされてきましたが、さらには一般の通貨に用いられる金・銀・銅、それに資産の面でもご利益があるとされるようになりました。

御金神社の社殿がたてられたのは明治16（1883）年のことでした。もともとは屋敷神だったようですが、独立した神社として創建したのは、幕末に生まれた神道系の教団、金光教のある布教師でした。金光教では、天地金乃神を祀っていて、その神紋は、八波の丸のなかに金の文字をあしらったものです。ただ、現在では御金神社と金光教とのあいだには特別な関係はありません。

ただ、御金神社は、長い間、今ほどは注目されていませんでした。金運アップのご利益があるということで、多くの参拝者を集めるようになったのは最近のことです。

そこには、平成18（2006）年に鳥居を金に塗ったことが影響しているようです。それ以前の鳥居は木製で、それが朽ちてしまったために再建されたのですが、氏子のアイディアで鳥居は金に塗られました。屋外にあっても色褪せない塗料が使われています。

金運のご利益がある神社としては、富士山麓にある新屋山《あらややま》神社もよく知られています。ここは日本三大金運神社とも呼ばれている神社ですが、道が複雑で非常にわかりづらいところにあるため、ご縁がないとたどり着けないという噂もあるほどです。

主祭神は大山祇大神《オオヤマツミノオオカミ》ですから、基本は山の神です。また、酒造の神としても信仰されています。新屋山神社の場合、船井総研の創業者で、スピリチュアルな世界に大きな影響を与えた船井幸雄氏が、「お金のことなら新屋山神社がいい」と発言したことで、金運神社として広く知られるようになったようです。

新屋山神社では、カード型のお守りを頒布していますが、そこには、富士山の下に祭神である大山祇大神の姿が描かれ、金運神社とも記されています。携行するのに便利なため人気になり、「金運カード」と呼ばれています。

日本三大金運神社としては、ほかに石川県白山市の金劔宮《きんけんぐう》と千葉県館山市の安房神社があります。安房神社などは、式内社で安房国一宮ですから、格式のある神社です。ただ、この二つの神社には、金の鳥居や金運カードといったキーアイテムがありません。あるいは、今後、そうしたものがつくられるようになるかもしれません。

波乗守に見る現代の信仰～人生の荒波を乗り越える～

昔の神社は、土地を寄進され、そこからあがる収益で維持されていました。今でも裕福な神社になると、土地をもち、それを貸し出して収入を得ています。これは、お寺の場合も同じです。

明治に時代がかわるとき、政府は、地租という形で土地から税金をとりたてるために、神社やお寺の境内地を召し上げてしまいました。神社やお寺の土地は、古代から税金をまぬかれてきたからです。地租は、今日でいえば、固定資産税にあたります。

さらに戦後になると、農地解放が行われ、農地として貸し出していた土地まで奪われてしまいました。これによって、都市にあるお寺や神社と、地方にあるものとのあいだに経済格差が生まれることになったのですが、それ以降、お寺にしても神社にしても、経営努力を求められることになりました。

宗教法人にも課税せよという声があがることがあります。しかし、もし明治神宮が固定資産税を支払わなければならなくなると、広大な境内をかかえていますから、その額は毎年数十億円にもなり、たちまち神社は立ち行かなくなってしまいます。

こうしたことを背景に、神社のなかには、収入の道を模索しているところがあります。御金神社や新屋山神社はその代表ということになりますが、上総国一宮である玉前神社でも、各種のお守りを頒布することに力を入れています。注目されるのは、そのなかに「波乗守《なみのりまもり》」があることです。

このお守りがつくられたのは、神社の近くにある釣ヶ崎海岸が、東京オリンピックのサーフィン会場になったように、サーファーの聖地になっているからです。海岸には玉前神社の元宮とされる神洗神社の鳥居もたっています。うまく波に乗れるようにというお守りです。

面白いのは、波乗守についての看板に、「人生の荒波に耐え　開運の波に乗れる」お守りだと記されていることです。なかなかよいところに目をつけたものです。

お守りの意味と効果

お守りにはさまざまなものがあります。たとえば、伊勢神宮だと、内宮でも外宮でも、ただの「御守」のほかに、交通安全、開運、学業成就、厄除、安産と各種のお守りがあります。種類としては決して多くはありません。

明治神宮になると、伊勢神宮にあるもの以外では、心身健全、縁結、就職成就、病気平癒、心願成就のほかに福守や勝守があります。

最近、若い人たちが多く訪れるようになった東京大神宮は、大神宮とあるように天照大神を祭神としていますが、ハローキティをあしらったキティ守をはじめ、多くの種類のお守りを頒布しています。伊勢神宮は昔は大神宮と呼ばれるのが一般的でした。

同じく東京の神楽坂にある赤城神社は、モダンな社殿をたてたことで再建を果たした神社ですが、社殿のデザイン監修は建築家の隈研悟《くまけんご》氏が担当しています。隈氏は、赤城神社の氏子だということです。

ここのお守りも、現代を意識したものが多いのですが、そのなかにはペット守もあります。あるいは、反射守は、夜間ライトに反射し、遠くからでも輝くようになっています。

面白いと思ったのは、ちゃんちゃんこ御守で、『ゲゲゲの鬼太郎』のちゃんちゃんこの柄になっています。神社の説明によれば、禍津神《マガヒツノカミ》による禍事から守ってくれるというのです。

禍津神は禍津日神とも呼ばれますが、江戸時代の国学者である本居宣長は、この世に起こる悪い事柄は、みな禍津日神の仕業によるもので、それはしかたのないことで、受け入れるしかないとしていました。宣長が、このちゃんちゃんこ御守を見たら、どう思ったでしょうか。興味深いところです。

ユニークなお守りをあげていけば切りがありません。全国の神社では、こぞって独自のお守りを開発していますから、その種類もどんどんと増えています。お守りを目当てに神社をめぐるというのも、一つの楽しみになっています。

縁結びと縁切り～神様の二つの顔～

みなさんが神社に期待するご利益としては、金運とならんで縁結びが大きいのではないでしょうか。

縁結びの神社として一番有名なのが出雲大社です。出雲大社にとっての神在月と、ほかの神社にとっての神無月については、前の章でふれました。

ではなぜ、出雲大社は縁結びのご利益を与えてくれる神社とされているのでしょうか。

出雲大社の祭神は大国主神《オオクニヌシノミコト》です。『日本書紀』ではスサノオの息子とされていて、数多くの苦難を乗り越えて国造りを行ったとされています。そこから大地を象徴する神ともなっていますが、多妻で、それぞれの奥さんとのあいだに全部で181人（『古事記』では180人）の子どもをつくったことで知られています。

そうした話から、大国主神を祭神とする出雲大社は縁結びや夫婦和合、子孫繁栄にご利益があるとされるようになりました。だからこそ、神在月には、日本全国各地から神々が集まってきて、縁結びの相談をするという伝承が生まれたのです。今では最寄りの出雲空港まで、「出雲縁結び空港」と命名されています。

出雲大社の境内を歩いてみて、そこにかけられている絵馬を眺めてみると、驚くような発見があります。絵馬に書かれている願いは、縁結びではなく縁切りの方が圧倒的に多いのです。「縁を切ることができました」という報告の絵馬も多く見られました。縁結びの神というのは、一方では縁切りの神なのです。

京都にも、今や縁結びで広く知られるようになった神社があります。それが京都の一大観光名所である清水寺のそばにある地主《じしゅ》神社です。この神社の境内には、10メートルくらいの間隔を置いて立つ二つの「恋占いの石」があります。この石はアメリカの原子物理学者であるラリー・ボースト博士によって科学的に調査され、縄文時代の遺物であることが判明しています。

室町時代に描かれた「清水寺参詣曼荼羅」には、満開の桜の下に恋占いの石と見られる一対の石が描かれています。江戸時代の仮名草子の作者、浅井了意の『出来斎京土産』でも紹介されています。

恋占いの石は、片方の石から目をつぶったままもう一方の石にたどり着ければ、恋が叶うとされています。そのとき、誰かの助けを借りてたどり着いたならば、恋も誰かの力を借りなければ成就できないことになります。

恋占いの石が現在のような人気スポットになったことには、神社側の事情も絡んでいます。地主神社はもともと清水寺の境内にあった地主権現社でした。要するに土地の神、鎮守の神でした。それが明治の神仏分離によって清水寺から切り離され、地主神社として独立しなければなりませんでした。

それ以降、参詣者は清水寺の方に行ってしまい、地主神社の方は閑散とした状態になってしまいました。そこで、地主神社では恋占いの石を売り物として宣伝し、縁結びに特化して、そのご利益をうたうようになったのです。

同じ京都の貴船神社は、これまでも水の神という点でとりあげてきましたが、やはり縁結びのご利益があるといわれています。

その理由は平安時代にさかのぼります。歌人として知られる和泉式部が貴船神社に参詣したところ、願いが叶い、不和となっていた男性と復縁が叶ったというのです。そこから、貴船神社は縁結びにもご利益があるとされるようになりました。

縁切りと呪いの儀式

縁結びのご利益があるということは、縁切りにもご利益があるということです。なんと、貴船神社の奥宮は、縁切りのための「丑《うし》の刻《こく》参り」が行われてきたことで有名です。丑の刻参りというのは、丑の刻（深夜1〜3時）に白い服を着て、ロウソクをたてた鉄輪を頭に被って神社を訪れ、憎む相手や縁を切りたい相手に見立てた藁人形を木にくくりつけて、五寸釘を刺すという呪いの儀式です。

丑の刻参りの話は『平家物語』にも出てきます。京都の宇治にある橋姫神社に祀られている橋姫の話です。橋姫は貴船神社の奥宮で丑の刻参りを7日間行ったのち、宇治川に21日間つかったところ、鬼の姿になってしまったというのです。嫉妬というものは、実に恐ろしいものです。現代でも、貴船神社の奥宮で丑の刻参りをする人を見かけたという証言があります。本当なのでしょうか。

もう一つ、京都で縁切りとして名高いのが安井金比羅宮です。もちろん、縁結びの神社としても知られています。

安井金比羅宮は、もともとは光明院観勝寺というお寺でした。ところが、応仁の乱で荒廃して以降、移転し、明治時代になると安井金比羅宮に改称されました。主たる祭神は、日本の三大怨霊ともいわれる崇徳天皇です。

由緒としては、崇徳天皇が保元の乱で讃岐に流されたとき、地元の金比羅宮で一切の欲を断ち切っておこもりをしたというのです。それにちなんで、安井金比羅宮は断ち物の祈願所として信仰を集めてきました。崇徳天皇には、流刑に処せられる際、寵愛していた姫と別れなければならなかったという悲話もあり、そこから、良縁・縁切りと結びつけられるようになったのです。

安井金比羅宮には「縁切り縁結び碑《いし》」という、高さ1・5メートル、幅3メートルの絵馬の形を模した大きな石があります。中央部には穴が空いていて、祈願をする人はこの穴を通ってから、願い事を書いた札を石に貼ります。片方からくぐると縁結び、反対からくぐると縁切りになるとされています。

そうした札には、相当に強烈な願い事が書かれています。

「○○の彼女の××が同棲を解消し、病気で死んでくれますように」

「息子と○○との婚約が破断しますように」

「不倫相手の○○の嫁が早く死にますように」

もっと恐ろしいものになると、絵馬の表裏両面に小さな文字で10人近い個人の実名をあげ、「苦しみ抜いて死ね。身内から見放され、孤独死しろ」と書かれていました。

こうした願い事を読んでいくと、人間という生き物がいかに恐ろしいものかがわかってきます。その点では、こころの健康にはよくないのかもしれませんが、自分と比べてみると、自分の方がはるかに幸福だと思えてくるのではないでしょうか。あるいは、そんな願いごとを書くことで気持ちがすっきりし、恨みも少しはおさまるのかもしれません。

断ち物で願いを叶える

このように、私たちは神社めぐりをすることでさまざまなご利益を得ようとするわけですが、そのためには努力も必要です。

代表的なやり方としては、「百度参り」があります。これは、心願が成就するように、同じ神社に百日間参拝を続けるというもので、「百度詣」とも呼ばれます。

しかし、百日も続けられない、あるいは百日も待っていられないということで、一日のあいだに、神社の拝殿まで一定のところから百度参るやり方がとられるようになりました。鎌倉時代の歴史をつづった『吾妻鏡』には、すでに百度参りが行われていたことが記録されています。

拝殿まで一定の距離といいましたが、出発点の目印になるものとして、「百度石」がおかれている神社もあります。その百度石から拝殿まで歩いていき、それで参拝をくり返すのです。これだとかなりの距離を歩くことになりますから、健康法としても役立つはずです。

もう一つ、心願成就の方法としては「断ち物」があります。これは、自分が好んでいる食べ物や嗜好品を、願いが叶うまで控えるというものです。対象としては酒やタバコ、お茶などが代表的なところです。お菓子を断つということもあるかもしれません。

戦国時代の武将、上杉謙信は一生《いつしよう》不犯《ふぼん》で、出家もしていますので、女断ちをしたともいわれています。出家すれば、家庭のわずらわしさもなくなりますから、ストレスは少なくなるのかもしれません。

一般的な断ち物でも、嗜好品が対象であれば、とくに酒やタバコなどですが、健康にはよいはずです。どうしても願いを叶えてほしいと考えたときには、こうした断ち物は、本人の意欲を高めてくれますので、有効な方法になります。

祭の高揚感と幸福感

神社において、最も功徳を与えてくれる機会は祭です。神社に祭はつきものです。

神社で、1年に一度か二度、大規模に行われるのが「例大祭」です。例大祭のときには、神輿や山車が出る上、境内には屋台がならび、神社は華やいだ雰囲気に包まれます。

それは、氏子にとっては大きな楽しみです。

例大祭以外にも、節分や夏越の大祓、新嘗祭や師走の大祓などは多くの神社で営まれている年中行事です。さらには、境内にある摂社、末社独自の祭もあります。七五三などは祭とはいえませんが、11月には15日を中心に、年齢が該当する子どもたちを連れた家族連れが神社に参拝に訪れます。

神社によっては、例大祭以外に、独特の祭が行われるところがあります。第3章で諏訪大社の蛙狩神事や御頭祭についてふれましたが、ほかにも、1月15日には筒粥神事が行われます。

これは、春宮で行われるものですが、そこにある筒粥殿で、米と小豆、それに44本の葦の筒を大釜に入れ一晩中炊きます。15日の未明に、その筒を割り、なかの粥がどういった状態になっているかで農作物と世の中の豊凶を占うのです。こうした行事はほかの神社でも行われています。

これは、神のお告げを得るための方法で、神託や託宣と呼ばれます。現在では、そうしたことは行われていませんが、古代から中世にかけては、国家にとって重大な出来事が起こったときに、神による託宣が決定的な役割を果たすことがありました。

有名なものとしては、宇佐八幡宮神託事件があります。これは、称徳天皇（孝謙天皇が一旦譲位して復位したもの）が、あつく信頼した僧侶の道鏡を天皇の位につけようとしたとき、家臣の和気清麻呂が八幡神の託宣をもたらし、それを阻んだ出来事でした。八幡神は、もともと新羅系の渡来人が祀っていた神ですが、またたくまにその存在感を増し、ついには国家の命運を左右する神にまでなったのです。

未来というものは不確かなもので、先のことは、ごく近いことでもわかりません。できれば、未来を知りたい。そうした願望を託宣は満たしてくれるのです。現代では、重大な決定を託宣に委ねることは行われなくなっていますが、占いで今年は豊作と出れば、安心感を得られることも事実です。

祭の場合、何より高揚感を与えてくれるという特徴があります。日常とは異なる非日常の気分を味わうことができるわけで、それだけで私たちは幸福な気持ちになることができます。

フランスの有名な宗教社会学者であるエミール・デュルケムは、祭の興奮状態において、人々は圧倒的な神の力を感じ、それが宗教のはじまりになったという議論を展開しました。

たしかに、祭には興奮がつきものです。たとえば、東京十社の一つ、富岡八幡宮では毎年8月15日に深川祭が行われますが、3年に一度本祭がめぐってきます。その際には、日ごろは神社の境内に安置されている巨大な神輿が出て、氏子町内を練り歩きます。なにしろ暑いさかりですから、そのとき、神輿の担ぎ手に対して盛大に水をかけます。それで水掛け祭とも呼ばれます。空にむかって大量の水がまかれる光景は、それだけで興奮します。

福岡の博多には、その総鎮守とされる櫛田神社があります。そこの祭が7月に行われる博多祇園山笠です。櫛田神社には、京都の八坂神社と同様に、素盞嗚尊が祇園大神として祀られています。

博多祇園山笠には山車が出ることになりますが、それは、「飾り山笠《やま》」と「舁き山笠《かやま》」の二つにわかれます。飾り山笠の方は、京都の祇園祭のように豪華な山車になっていて、街を巡行していきます。

壮観なのは舁き山笠の方で、重さ約1トンの山笠を、短い水法被《はっぴ》を着た締め込み姿の男たちが担ぎ、早朝午前5時から6時までのあいだに、博多の街を駆け抜けて行きます。

私も舁き山笠を見たことがあります。九州大学で助教授をつとめていた宗教学研究室の学友が、すっかり山笠に入れ込んでしまい、その関係で見学することになりました。男たちは、その年の山笠が終わると、すぐに翌年の山笠のことを考えるようになると聞きましたから、彼らにとっては山笠が生活の中心、人生の一大事になっているのです。

こうした祭は全国にありますが、大阪岸和田のだんじり祭のように、死者が出るようなこともあります。それでも、祭を中止しようという声はほとんど上がりません。祭のもたらしてくれる興奮は、命を懸けても味わいたいものなのです。私たちは、それほど退屈な日常を脱したところに生まれる非日常を求めているのです。

街中が興奮に包まれる祭の代表として、私が実際に見たことがあるのが、和歌山県新宮市の神倉神社での「お燈《とう》まつり」です。これは毎年2月6日に行われるものですが、私が見に行ったのは、まだ大学院博士課程の院生だった時代でした。

そのとき、世界的な宗教人類学の研究者、ビクター・ターナー氏が来日していました。たまたま宗教学研究室に、新宮市で牧師をしているアメリカ人の子息が研究生として在籍していました。その案内で、お燈まつりを見学することになったのですが、その研究生自身もお燈まつりに参加した経験がありました。ターナー氏は、帰国してから、お燈まつりについての論文を執筆していて、それは日本語にも翻訳されています。これは、著名な宗教人類学者にとって、いかにお燈まつりが印象的なものであったのかを示しています。お燈まつりでは新宮の男たちが松明《たいまつ》を手にして神倉神社のけわしい石段をかけ下りていきます。

お燈まつりは火祭りです。日本全国には、有名な火祭りがいくつもあります。鞍馬の火祭りや吉田の火祭りが有名ですが、世界的にみると、これだけ火祭りの多い国は珍しいのではないでしょうか。

イランのゾロアスター教など、「拝火教」と呼ばれるように、火を崇め奉りますが、静かに火を灯すだけで、勇壮な火祭りはありません。そもそも、日本ほど祭が多い国はないのかもしれないのです。あるとすればインドでしょうか。

今に生きる通過儀礼～祭が私たちに与えるもの～

熊野には熊野三山という形で、熊野本宮大社、熊野速玉大社、熊野那智大社があります。熊野の地は、中世の神仏習合の時代には、極楽浄土と見なされ、来世は浄土に生まれ変わりたいと、上皇などが「熊野御幸」をくり返しました。

あるいは、「補陀落渡海《ふだらくとかい》」という恐ろしい行事もありました。これは、観音の浄土である補陀落へ船で渡海するものですが、船には窓や扉がなく、外から釘を打ちつけられます。なかに乗った人間は僧侶なのですが、餓死するか、船が沈没して水死することになりました。かえって船が帰ってこないことが、補陀落へ行き着いた証拠と見なされました。いわば自殺行為ですから、現代の感覚では理解不能な行為です。

神倉神社は熊野速玉大社の摂社にあたり、山頂にはゴトビキ岩という巨大な磐座がご神体として祀られています。社殿もたっていますが、ゴトビキ岩と比べると小さく、岩にのしかかられるような形になっています。山頂までの石段は538段もあり、勾配はきつく、のぼるのには苦労します。

お燈まつりは、男だけの祭で、女人禁制です。見学するために境内に入ることもできません。ですから、女性たちは麓で、松明をもって山をかけおりてくる男たちを待ち受けることになります。

参加者は2000人にものぼるので、壮観な祭になります。山頂から麓まで、火の奔流ができあがります。この祭は、新宮の街の男たちにとっては「通過儀礼」の役割を果たしていて、お燈まつりに参加して、はじめて一人前と見なされます。

祭には、年中行事と人生儀礼とがあります。人生儀礼は通過儀礼の役割を果たしていて、それを通過することによって、本人の立場がかわります。初参りによって氏子になり、成人式を経て大人になります。今の日本の成人式は、通過儀礼としての性格はそれほど強くありませんが、伝統的な社会では、成人式には重大な試練を課され、それを克服しないと一人前の大人とはみなされませんでした。

たとえば、鎌倉時代の武士の場合、国司が「大狩」という行事を催し、若者がそれに参加して、獲物をとることができると、一人前の武士と見なされました（本郷和人・島田裕巳『鎌倉仏教のミカタ』祥伝社新書）。

祭が通過儀礼になっているのなら、それは、社会的に大人として扱われるようになるという実利をともなっていることになります。これも神社が与えてくれるご利益の一つです。

非日常体験でストレス解消

日本の民俗学の開拓者である柳田國男は、「祭」と「祭礼」を区別したことで知られています。柳田のいう祭は神職や関係者だけで行う宗教的な行為で、祭礼の方は、祭を司る人間だけではなく、見物人が加わったものをさします。祭礼の方が、イベントとしての性格が強く、その分、宗教性は薄いものとなります。ただ、見物人がいる祭礼の方が活気もあり、多くの人たちが集まるのも事実です。柳田は、時代が進むことで、祭が祭礼へと変化したことを指摘しているわけで、祭礼は豪華で華やかなものにどんどんと変わっていきます。

ただ、いくら祭礼になったからといって、一番楽しいのは、それに直接参加することでしょう。神輿が出る祭は多いわけですが、神輿がわたっていくのを見るよりも、神輿を担ぐ方がはるかに楽しそうです。

最近、大都市では、地域の住人の数が減り、氏子地域の住人だけでは神輿の担ぎ手を確保できないところも多くなっています。神田明神の神田祭や赤坂日枝神社の山王祭は、江戸時代には「天下祭」と呼ばれ、山車や神輿は江戸城内に入り、将軍や大奥の女性たちが見物をしました。

そうした神田祭や山王祭の場合、現在では、氏子地域にはオフィスビルが林立し、それによって住民の数は大幅に減っています。氏子地域の住人だけだったら、とても神輿など出せないでしょう。そのため、神輿を担ぎたいという一般の人たちを募集しています。

神輿は、普段神社の境内や神輿庫に安置されているときには、ただのモノですが、祭のときには神霊がそこにのるものと考えられています。私は、神田祭の際、神輿の渡御が行われる神幸祭の前日に、神職が氏子町内をまわり、神輿に神霊を遷す「氏子町会神輿神霊入れ」の儀式が執り行われる場面を見学しました。氏子が一同に集まり、神輿に神霊が遷されるのを見守るのです。神幸祭の方は相当に盛り上がり、それは見物ですが、こうした儀式もなかなかに興味深いものです。

中世の時代には、神輿は一種の武器にもなりました。その時代の京都の都では、比叡山延暦寺や奈良の興福寺が強い勢力を誇っていて、自分たちの要求を朝廷や公家が受け入れないときには、この二つのお寺が深く関係する日吉大社や春日大社の神輿を都のなかに持ちこみ、京都御所の門前に放置しておくことが行われました。

そうした神輿には、神霊がのっており、うかつにそれにふれると祟りが起こると信じられていましたので、御所にあがらなければならない公家たちは、門前にある神輿に妨げられ、なかに入ることができませんでした。そうなると公務を果たすことができなくなってしまいますから、延暦寺や興福寺の要求を受け入れるしかなかったりもしたのです。

今でも全国各地には「暴れ神輿」というものがあります。担ぎ手が神輿を激しくゆすることは「もむ」と表現されます。神輿渡御の実況中継が行われるようなときには、「○○町の神輿がもみにもんでおります」などと表現されます。

神輿が激しくもまれるほど、それにのった神霊は喜ぶのというのです。そうした状態になると、担ぎ手は相当に興奮していますので、神輿の方が勝手に暴れているような感覚になってきます。

ところによっては、それが神輿を破壊する行為にまで発展することがあります。石川県能登町宇出津にある八坂神社のあばれ祭がそれで、焚かれた火の上を、男たちが神輿を担いで通った上、地面に叩きつけたり、転がしたりします。それによって神輿の屋根には穴があき、黒こげになってしまいます。神輿にとっては荒行なのです。能登では2024年元日に大きな地震があり、甚大な被害を受けましたが、あばれ祭は住民をはげまそうと例年どおり行なわれました。

私は神輿を担いだ経験はありませんが、祭にでる山車を引いた経験はあります。

それは1980年代前半のことになります。宗教学の研究室が行った山村の宗教についての調査に参加したときのことでした。対象になったのは丹波山村という山村でした。丹波山村は、山梨県北都留《つる》郡にありますが、東京のJR青梅線の終点、奥多摩駅からバスで行くことができます。東京の水源になっている奥多摩湖の横を通っていくのです。
丹波山村では、毎年1月7日に「お松引き」という祭が営まれます。小正月の行事になるので、それぞれの家の門松や正月飾りを持ち寄り、それを修羅と呼ばれる木ぞりの上に積み上げ、干支の動物を乗せ、二本の綱をつけて、それをみんなで引くのです。かけ声をかけながら、道祖神のあるところまで引いていくのですが、なかなか前には進まず、到着するまでにはかなりの時間がかかります。そのあいだ、酒もふるまわれますから、引き手はかなりもりもりあがっていきます。

小さな村の素朴な行事ですが、祭は参加するものだということを改めて実感させてくれるものでした。今でも、この祭は立派に続いているようです。

例大祭がそうであるように、神社の祭は、特定の日に行われるものです。そうした日に神社を訪れれば、境内は賑やかですが、普段の日だと、そうした雰囲気はありません。小規模の神社ならひっそりとしていて、参拝者も決して多くはないはずです。これによって、神社という空間は、日常と非日常の違いが際立ってきます。それも神社の大きな特徴です。

日常の暮らしというものは、平凡で、ときに退屈でもあります。あるいは、さまざまなことが起こり、それにわずらわされることや、日常生活を送るなかでストレスがたまることもあります。

神社の祭のような非日常の機会は、日常生活の憂さを晴らし、ストレスを解消する役割を果たしてくれます。祭の興奮のなかに身をゆだねてみると、閉じた心が開き、気分は高揚し、活力がわいてきます。祭にはそうした健康上のご利益もあるのです。

おわりに

ここまで、神社めぐりがいかに健康に役立つかをみてきました。

何より、神社めぐりをすれば歩くことになります。それもかなりの距離になります。歩くことは健康法の基本になるもので、長い参道や石段、そして広大な境内を歩くことで、足が鍛えられます。歩くことへの抵抗感も薄れていきます。歩くことに慣れていくのです。

歩くことが難しいという方にも、神社めぐりは森林浴の効果があります。そこには鎮守の森が形成されていて、それに接するだけで気持ちがよくなります。大きな木が風にそよぐ光景を見るだけでも、ストレスの軽減に役立ちます。

神社めぐりを続けていくと、いろいろと好奇心が刺激されてきて、神社にまつわる謎を解きたいとも思うようになっていきます。知的な刺激を受けられるというところにも神社めぐりの効果があります。

神社めぐりはよいことばかりで、健康法として最高です。

世の中ではさまざまな健康法が説かれています。いく冊も健康本を読んできたという人もおられるでしょう。

しかし、健康法はどんなものでも、努力を求められますし、場合によっては、食べることなどに制限がかかるので、なかなか長続きしません。毎日、短期間行うだけで効果があるといわれても、それをくり返すのは容易ではないのです。

神社めぐりの場合には、努力や制限が必要ではありません。何よりの利点は、それが楽しいということです。やることが楽しい健康法は、なかなかないものです。

神社めぐりを続けるならば、お仲間も欲しいところです。一人でめぐるよりも、多くの人数でめぐった方が楽しいでしょう。夫婦でも兄弟姉妹でも、一緒にめぐれば、話もはずみます。仲間がいれば、長続きもします。一緒にできる健康法も、それほどはないかもしれません。

では、神社めぐりはどこからはじめればよいのか。まずは、自分が住んでいる地域にある神社をめぐることからはじめてみましょう。

「氏神」ということばがありますが、これは、それぞれの地域で祀られている神のことをいいます。そうした氏神を祀っている地域の人間の集まりが「氏子」です。氏子は、氏神を守っていく役割があると考えられています。実際、ほとんどの神社は、氏子によって守られてきました。

地域の氏神なら訪れたこともあるでしょう。初詣のおりには、地域の氏神に参拝するようすすめられていますし、祭のときにも多くの人が訪れます。祭では、お神輿や山車が出たりしますが、境内に出た屋台が一つの楽しみにもなっています。夏なら、浴衣を着て祭に出かけるという人もいるでしょう。

氏神の次は、少し範囲を広げて、歩いていける範囲にある近隣の神社を訪れてみることにしましょう。境内をめぐってみれば、氏神にはなかったものに出会えるかもしれません。摂社や末社を比較してみるのも面白いですね。

さらにその次となると、名のある神社を訪れてみたい、そういう気持ちになってくるものです。初詣のとき、それぞれの地方自治体や都道府県でよく知られた神社に参拝するという人も少なくないでしょう。

東京なら、最も初詣の数が多いのが明治神宮です。明治神宮の祭神は明治天皇夫妻ということになりますが、明治神宮は東京都民全体の氏神という感覚があります。何より、そこに形成された森が魅力になっています。多くの人が初詣に訪れれば、参拝するまでに時間もかかりますが、それによって正月気分が盛り上がるのも事実です。

しかし、初詣のときだけが、神社をめぐる機会ではありません。たいがいの神社は、365日開かれていますし、24時間開いているところも少なくありません。もちろん夜間は、社務所は開いていないので、お札やお守りを買ったり、御朱印をもらったりはできませんが、参拝は可能です。

では、地域の主要な神社をめぐったあとは、どこで神社めぐりをしたらよいのでしょうか。

もちろん、どこでもかまわないわけですが、せっかくなら目標を定めて行うのがよいでしょう。

その点では、東京なら、すでに紹介した東京十社がおすすめですし、京都なら京都十六社朱印めぐりがおすすめです。1日ですべてをめぐるわけにはいきませんから、時間をかけてそれぞれの神社を訪れることにしましょう。

その次となると、これもすでに紹介した二十二社めぐりがおすすめです。何より、誰もが知っている有名な神社が数多く含まれているのが魅力です。

ただ、1日でめぐることは不可能ですし、時間はかかります。二十二社めぐり専用の御朱印帳もあるようですが、かなり高価だと聞いています。それに、二十二社の社務所におかれているわけではありません。そこが東京十社の場合とは異なります。

二十二社の筆頭は伊勢神宮ですが、ほかの神社とは離れていますし、広大な敷地がありますから、ここはまる1日、あるいは2日をかけてめぐるべきでしょう。

日吉大社も、唯一滋賀県にあるので、ほかの神社とは離れています。それに、境内には、東本宮と西本宮という本殿のほかに、多くの摂社や末社があります。それをすべてめぐると、時間はかなりかかります。

さらに、この本の「はじめに」でもふれたように、日吉大社には、山の上に奥宮があり、そこには、「金大厳」と呼ばれる磐座が鎮座しています。

金大厳の両脇には、日吉大社の奥宮となる牛尾宮と三宮という二棟の社殿がたっています。「はじめに」で、そこまでのぼるのに苦労したということを書きましたが、山の上まで材木をあげるだけでも大変です。現在の牛尾宮と三宮は安土桃山時代の建物とされています。今なら重機をもちいることもできますが、そんな時代では人力に頼るしかありませんでした。

それに、建築様式は懸崖造《けんがいづく》りで、崖に柱をたてた上に社殿がのる形になっています。

その点でも、かなり難しい工事をしなければならなかったはずです。ここも訪れるとなると、日吉大社だけで1日はかかります。

もう一つ、二十二社のうち京都や奈良にはないのが、大阪の住吉大社と兵庫の廣田神社です。

住吉大社は、大阪の街のなかにありますから、それほど広くはありません。それでも、神社のサイトを見てみると、4つある本宮や摂社、末社などをめぐるコースが5つ用意されています。

正式参拝コース、商売繁盛・家内安全コース、心願成就コース、縁結び・夫婦円満コース、安産祈願コースの5つです。それぞれの所要時間は、20分、40分、40分、20分、30分とされていますから、全部のコースをめぐれば、かなりの時間がかかります。

廣田神社は西宮にあります。天照大神の荒魂を祭神としていますが、伊勢神宮から相当な距離があります。ただ、廣田神社に天照大神の荒魂が祀られた経緯は、『日本書紀』にも記されていて、天照大神自身の託宣によるものとされています。

廣田神社は、関西地方の人たちにはよく知られています。というのも、プロ野球の阪神タイガースが戦勝祈願をする神社だからです。西宮には、タイガースの本拠地となる甲子園球場があります。

廣田神社では、「タイガース絵馬」を求めることができます。タイガースのマークを中心に勝運と書かれているので、ファンはこれを奉納するわけです。

ほかの十八社は京都と奈良に集中しています。京都だと、石清水八幡宮、上賀茂神社と下鴨神社、松尾大社、平野神社、伏見稲荷大社、大原野神社、梅宮大社、吉田神社、八坂神社、北野天満宮、貴船神社です。

いずれも京都市内にありますが、貴船神社や大原野神社になると、京都の中心部からはかなり離れています。

2日にわけてめぐるのであれば、1日目は、貴船神社からはじめて上賀茂神社、下鴨神社、北野天満宮、平野神社とめぐり、2日目は伏見稲荷大社からはじめて、八坂神社、松尾大社、梅宮大社とめぐるのがよいでしょう。ただ、これだけめぐるのもかなり大変です。

奈良になると、春日大社からはじめて、龍田大社、廣瀬大社、大神神社、石上神宮とめぐるのがよいでしょうが、これもかなり大変で、途中レンタサイクルなどを活用しなければなりません。

問題は、丹生川上神社ですが、それについては、前の章でふれました。御朱印をいただくなら、二十二社専用の御朱印帳を用意し、そこに「二十二社めぐり」と書き入れておくのがよいでしょう。長く使うことになるので、木製の表紙になっているものが頑丈で、もってまわるにはよいかもしれません。

二十二社ほど多くの神社をめぐる必要のないもので、最近ブームになっているのが、「東国三社めぐり」です。東国三社とは、鹿島神宮、香取神宮、息栖神社です。江戸時代にはさかんに行われ、北関東や東北地方の人たちが伊勢詣をした帰りには、そのお礼のためにこの三社めぐりをしたようですが、その数が少なくなり、ふたたび脚光を浴びるようになったのは最近のことです。息栖神社の周辺で整備が進められているのも、近年注目が集まったからに違いありません。

人気になったことで、三社めぐりのバスツアーも随時開催されるようになってきましたので、それを利用するのも手です。

自力で行くというのであれば、まずは東京駅から高速バスで鹿島セントラルホテルまで行き、そこから歩いて息栖神社をめぐります。ただ、ホテルから神社までは歩いて30分かかります。往復で1時間です。

ホテルに戻ってからは、ふたたびバスに乗り、鹿島神宮駅まで行きます。そこから歩いて鹿島神宮に行き、そこをめぐります。そのあとは、鹿島神宮駅まで戻って、そこからはJR鹿島線で香取駅まで行きます。香取神社をめぐったあと、東京に戻るのなら、佐原駅までバスで出て、JR成田線を使うのがよいでしょう。全体でかなり時間がかかりますから、早朝に東京を出発する必要があります。

インターネットで調べてみると、さまざまな神社めぐりのおすすめコースが紹介されています。そうしたものを参考にして、みなさんも独自のコースを開拓してみるのも面白いかもしれません。

神社をめぐり心身ともに健康になる。それが長寿に結びつけば、これほど嬉しいことはありません。

さあ、みなさんも、神社めぐりに出かけてみることにしようではありませんか。

島田裕巳

2025年1月吉日

◉丹生都比売神社

水銀が豊富に採れる鉱石の近くで、からだや心に強いパワーを授けてくれる神社。丹生都比売大神は不老長寿の神様として知られています。

［住所］和歌山県伊都郡かつらぎ町上天野230

◉多賀大社

生命の親神様とされる祭神を祀ることから、長寿を祈願する参拝者が絶えません。平安時代から延命の由緒を伝える「寿命石」も有名。

［住所］滋賀県犬上郡多賀町多賀604

◉氣比神宮

亀の石像から湧き出る「長命水」が有名。合祀されている武内宿禰命は長生きで有名な神様で、神徳の宿る神水として信仰を集めています。

［住所］福井県敦賀市曙町11-68

◉備前国総社宮

神話「因幡の白兎」で有名な大己貴《おおなむちの》命《みこと》が祭神で、医薬・医療・再生復活のご神徳が賜れます。

［住所］岡山県岡山市中区祇園596

◉皆生温泉神社

「皆、生きる」の名の通り、長生きのご利益にあやかれるそう。参拝後は、長寿に効くという皆生温泉でゆっくり湯浴みをするのもいいでしょう。

［住所］鳥取県米子市皆生温泉3-16

◉石清尾八幡宮

石清尾八幡宮の境内には髪に関する健康とご利益が期待できる髪授神祠があり、薄毛や白髪の防止、体毛の発育などを祈願する人が多い。

［住所］香川県高松市宮脇町1-30-3

◉愛宕神社

山上まで石段をのぼって参拝する福岡最古の神社。疫病退散を願い、アマビエを描いた紙お守りとコースターを無料で配布していたことも。

［住所］福岡県福岡市西区愛宕2-7-1

◉櫛田神社

拝殿前にある3羽の鶴に囲まれた「霊泉鶴の井戸」は、不老長寿いのちの水として霊験あらたかとされ、不老長寿を念じながら飲むとご利益が得られるとされています。

［住所］福岡県福岡市博多区上川端町1-41

◉波上宮

熊野信仰の神社です。相殿神として少彦名命が祀られていて、病気平癒・癌封じ・治癒祈願としては沖縄一の神社といわれています。

［住所］沖縄県那覇市若狭1-25-11

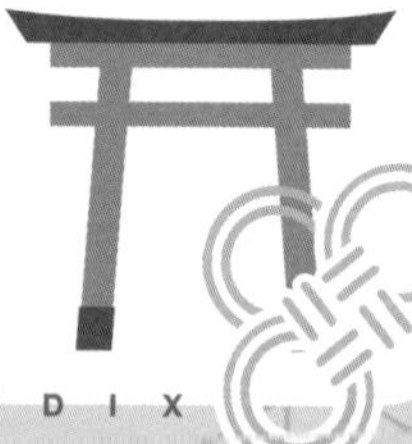

◉**延喜式内斐太神社**

平安期の創建より病気の神様として深い信仰を集める神社。境内社の雁田神社も参拝し「おさわり石」に病気平癒のご利益があるとされています。

［住所］新潟県妙高市宮内241

◉**湯神社**

弥彦公園内、御殿山中腹にひっそり鎮座する彌彦神社の末社。別称は「石薬師大明神」で諸病に霊験あらたかといわれています。

［住所］新潟県西蒲原郡弥彦村弥彦公園内

◉**八坂神社**

御祭神はかつて「牛頭天王」と呼ばれていた神で、「蘇民将来」に疫病から逃れる方法を教えたという伝承に基づいて行われる祭が、京から疫病を追い払う「祇園祭」。

［住所］京都府京都市東山区祇園町北側625

◉**神足神社**

悪霊を防いでいる夢を見た桓武天皇が、祠を築いたのが起こりとされています。多くのアスリートたちがスポーツの上達や健脚、足腰のケガ予防に訪れています。

［住所］京都府長岡京市東神足2-5

◉**護王神社**

主祭神の清麻呂公の脚が萎えたとき、猪の守護によって立って歩けるようになったという話にちなんで、足腰の守護神と仰がれており、足腰の病気やケガにご利益が。

［住所］京都府京都市上京区烏丸通下長者町下ル桜鶴円町385

◉**大神神社**

医薬を広めた神・大国主神が、国造りで困っていた際に出現したのが「大物主大神」で、国造りを助けてもらうために三輪山に祀ったのがはじまり。

［住所］奈良県桜井市三輪1422

◉**狭井神社**

大神神社の本殿から北へ400メートルほどのところにある狭井神社。力強いご神威から病気平癒・身体健康の神様として知られていて、多くの参拝者が訪れます。

［住所］奈良県桜井市三輪1422

◉**石切劔箭神社**

古くから腫れ物の治癒に霊験があるとされ、「でんぼの神さま」と呼ばれて親しまれる。代表的なご利益は難病平癒・悪縁切り・心願成就。

［住所］大阪府東大阪市東石切町1-1-1

◉**少彦名神社**

1780年創建の薬・医療・温泉・国土開発・醸造・交易の神をご祭神として祀る神社です。人の病気平癒や健康祈願だけでなくペットの病気平癒にも。

［住所］大阪府大阪市中央区道修町2-1-8

社。足腰の健康にご利益がある最強の神社として多くの人に知られています。
［住所］東京都葛飾区亀有3丁目
42-24

◉稲荷鬼王神社

豆腐を奉納し、豆腐を断ちながら「撫で守り」で患部を撫でることで病気が治癒するという信仰が、江戸時代から続いています。
［住所］東京都新宿区歌舞伎町
2-17-5

◉行田八幡神社

別名「封じの宮」と称され、癌をはじめ難病、諸病の封じ祈願で有名な神社。境内に「目の神社」や湿疹・美肌の神を祀る「瘡守稲荷社」もあり、関東屈指の病気平癒のスポット。

［住所］埼玉県行田市行田16-23

◉酒列磯前神社

医療薬学の祖神である少彦名命が祀られており、古くから病気に苦しむ多くの人々が病気平癒、健康長寿を祈願してきました。
［住所］茨城県ひたちなか市磯崎町
4607-2

◉冠稲荷神社

境内の厳島社には、健康長寿や健康回復に御利益がある神様宇賀弁才天が祀られているほか、毎年4月1日には、健康長寿の舞が奉納される「健康長寿祈願祭」が行われ、参拝者には100食限定で「健康粥」がふるまわれます。

［住所］群馬県太田市細谷町1

◉大室たかお神社

厄除、病気平癒に強いご利益があるとされています。境内には御神水「おかみの水」が湧き出ていて、無病息災のご利益がある霊水として飲用されています。

［住所］栃木県日光市大室1619

◉來宮神社

日本屈指のパワースポット。「大楠の幹を1周すると1年延命する」という伝説があり、生命力を感じながら健康長寿、心願成就を願うことができる神社。

［住所］静岡県熱海市西山町43-1

◉穂見神社

農耕神を祀ったことが起源で巨霊石をご神体としています。「薬草奏進社」の別名があるとおり、開運・健康運のご利益があります。

［住所］山梨県韮崎市穴山町1856

APPENDIX

巻末付録 健康・長生きにご利益がある神社

◉北海道神宮

明治2年、明治天皇が北海道の開拓・発展の守護神として開拓三柱の神様を祀るよう詔を出したのが始まり。北海道開拓の守護神は、健康で強靭な肉体と精神の守り神。

［住所］北海道札幌市中央区宮ヶ丘474

◉盛岡八幡宮（健康神社）

盛岡八幡宮境内にある健康神社はその名のとおり、肺神、肝神、腎神、心神、脾神といった五臓の神のほか、癌神、中風神、健康神、生命神、薬神などが祀られている。

［住所］岩手県盛岡市八幡町13-1

◉三ツ石神社

地域最古といわれる歴史ある神社です。無病息災や病気平癒などにご利益があり、健康の維持を願う人、病気の治癒を願う人など、幅広い参拝者がおとずれます。

［住所］岩手県盛岡市名須川町2-1

◉薬菜神社

737年に創建された神社。創建時、悪疫の流行で多くの命が失われたため、その鎮伏の祈願が行われました。そこから、病難を退散させてくれる神社となりました。

［住所］宮城県加美郡加美町字上野目大宮7

◉五條天神社

『日本書紀』や『古事記』において日本に医薬を広めたと伝えられている大己貴神と少彦名神を主神とする神社です。健康祈願の神社として有名。

［住所］東京都台東区上野公園4-17

◉甚内神社

「自身を祀ればマラリアを癒してやろう」と言い残して処刑された江戸時代初期の忍者、高坂甚内を祀った神社。以降、病気平癒の神社として有名に。

［住所］東京都台東区浅草橋3-11-5

◉烏森神社

江戸時代の1657年に発生した大火災の際、烏森神社だけが類焼を免れたことから、災厄を封じ込めると信仰され、それが「癌封じ」の由来とされる説も。

［住所］東京都港区新橋2-15-5

◉牛嶋神社

境内には「撫牛」と呼ばれる黒牛の像があり、自分の悪い部分と牛の同じ部分を撫でることで病気を治癒し、さらには心も癒してくれる心身快癒の祈願物とされています。

［住所］東京都墨田区向島1-4-5

◉亀有香取神社

1276年に建立された伝統ある神

島田 裕巳（しまだ・ひろみ）

1953年東京生まれ。作家、宗教学者。76年東京大学文学部宗教学科卒業。同大学大学院人文科学研究科修士課程修了。84年同博士課程修了（宗教学専攻）。放送教育開発センター助教授、日本女子大学教授、東京大学先端科学技術研究センター特任研究員を経て、現在は東京通信大学非常勤講師。著書に『帝国と宗教』『「日本人の神」入門』（講談社現代新書）、『浄土真宗はなぜ日本でいちばん多いのか』『葬式は、要らない』（幻冬舎新書）、『宗教消滅』（SB新書）、『なぜキリスト教は世界を席巻できたのか』『日本人の信仰』『男の死にざま』（扶桑社新書）、『［増補版］神道はなぜ教えがないのか』（育鵬社）、『教養としての神社』（マイナビ新書）などがある。また、ムック版の『一生に一度は行きたい日本の神社100選』と増補改訂版『今こそ行きたい日本の神社200選』（宝島社）は25万部を超えるベストセラーになっている。

アチーブメント出版
[X]　@achibook
[instagram]　achievementpublishing
[Facebook]　https://www.facebook/com/achibook

より良い本づくりのために、
ご意見・ご感想を募集しています。
左記QRコードよりお寄せください。

歩いて健康・長寿を祈願　大人の神社めぐり

2025年（令和7年）2月8日　第1刷発行

著　者　島田裕巳

発行者　塚本晴久
発行所　アチーブメント出版株式会社
〒141-0031　東京都品川区西五反田2-19-2　荒久ビル4F
TEL 03-5719-5503／FAX 03-5719-5513
https://www.achibook.co.jp

ブックデザイン　冨澤崇（Ebranch）
DTP　株式会社三協美術
写真　iStock
校正　新名哲明
印刷・製本　ベクトル印刷株式会社

ISBN978-4-86643-163-5